AF360639

INTRODUCTION

> Chaque milliard de francs que la France prête en plus à l'Etat russe ou à l'industrie russe, amoindrit la puissance de la nation française et diminue la capacité de la France en cas de GUERRE CONTRE L'ALLE-MAGNE. Chaque milliard de marks que l'Allemagne reprend à la Russie, signifie une augmentation de sa puissance nationale à l'égard de la condition désespérée de la Russie, et une augmentation de sa capacité en temps de guerre.
>
> Dans la mesure où l'Allemagne se rend indépendante du débiteur russe, elle augmente sa SUPÉRIORITÉ MI-LITAIRE ET FINANCIÈRE contre la France et la Russie. Un sort favora-ble donne à l'Allemagne le moyen d'accroître, par cette voie pacifique, sa force matérielle dans des propor-tions incomparables.
>
> **R. MARTIN.**
>
> (du même livre que la brochure ci-après, p. 172.)

Cette brochure est la traduction du chapitre V, le plus important pour les lecteurs français, du livre *Die Zukunft Russlands* (*L'Avenir de la Russie*), publié en mars 1906, par M. RUDOLF MARTIN, conseiller d'Etat à l'Office royal de Statistique de Berlin (1). M. R. Martin avait déjà publié, en août 1905, une brochure sur l'Avenir de la Russie et du Japon (*Die Zukunft Russlands und Japans*) qui fit sensation dans toute l'Europe, et inquiéta le gouvernement russe

---

(1) Leipzig, *Dieterich'sche Verlagsbuchhandlung*, 1906, VIII-170 pages in-8o.

au point que ses agences annoncèrent une réfutation officielle, mais ne la firent jamais paraître.

Voici l'analyse très brève du livre dont cette brochure forme le chapitre V :

CHAPITRE Ier. — La question la plus importante de l'histoire universelle.

CHAPITRE II. — L'avenir de la Russie dans le village. (Importance de la vie rurale et paysanne, qui régénérera la Russie quand disparaîtront la malpropreté, l'ignorance, la superstition, la misère.)

CHAPITRE III. — Le paysan français et le paysan russe avant la Révolution. (Ressemblance des deux situations, quant à l'élan donné à la Révolution par le mécontentement justifié des paysans.)

CHAPITRE IV. — Les causes de la catastrophe russe : § 1. La terre et les gens; § 2. Le rêve de domination universelle; § 3. Le respect de la Russie (attitude de Bismarck, Triplice, Duplice); § 4. Wahlstatt et Moukden (comparaison entre la situation créée par la défaite de Moukden et les conséquences de la bataille de Wahlstatt, qui, en 1241, arrêta l'invasion mongole); § 5. La haine des Allemands (cette haine, pareille à la haine des Chinois pour l'Europe, pourrait dégénérer au cours de la révolution en conflit de races); § 6. L'entêtement des Russes (cet entêtement, produit de la race et de la religion, fait la faiblesse, non la force, de la Russie, à l'égard de l'Europe); § 7. La force de l'opposition (opposition qui résulte des faits, de l'anthitèse entre l'ambition du Gouvernement et sa puissance, entre les désirs des paysans et leur vraie condition, entre la prétention religieuse de l'église orthodoxe et son impuissance à servir même de religion, entre la civilisation russe et la civilisation européenne, etc.)

CHAPITRE V. — La banqueroute russe (traduit ci-après, après suppression de quelques passages inutiles).

CHAPITRE VI. — La grande Révolution : § 1. La prédiction de la Révolution (prévisions de la Révolution française de 1789); § 2. Causes et occasion (knout en Russie, lettres de cachet en France, autres abus); § 3. Le commencement de la Révolution (le 14 juillet en France, en Russie le 27 octobre 1905, jour de la grève générale); § 4. Louis XVI et Nicolas II (comparaison de leurs caractères, et influence de leurs fautes sur la Révolution); § 5. La Révolution française et la Révolution russe pouvaient-elles s'éviter? (Non, à cause du mécontentement irrésistible dans les deux pays); § 6. La Douma d'Empire comme organe central de la grande Révolution (elle entrera en conflit avec le tsarisme et entraînera une partie de l'armée et de la marine, dont la défection achèvera la ruine de la machine bureaucratique); § 7. Durée de la Révolution (la question est de savoir si elle ne dégénérera pas en soulèvement collectiviste).

CHAPITRE VII. — L'empire allemand et la Révolution russe. Voici la conclusion de ce chapitre : « De plus en plus, la métropole de l'Europe continentale sera, non plus à Pétersbourg, comme les Slaves le rêvaient depuis vingt ans, mais à Berlin. Mais plus forte l'Allemagne apparaîtra sur le continent européen, plus l'Angleterre et le Japon apprécieront son amitié. Il n'y a pas d'île qui puisse dicter ses volontés au continent européen. Avec la Révolution russe finit pour l'empire allemand le temps de la jeunesse et commence une nouvelle et plus grande époque. Bientôt le peuple allemand aura conscience de ce qu'est son devoir vital. Le temps d'agir vient au cours des années et des décades prochaines. La domination russe disparaît. »

Le lecteur n'oubliera pas que le livre d'où sort cette brochure paraissait en mars 1906, et comprendra par suite que l'auteur ne fasse pas allusion à des événements survenus plus tard, et qui auraient pu modifier ou au contraire aggraver ses appréciations : convocation et dissolution de la Douma, emprunt français du 26 avril 1906, etc. Mais cette circonstance confirme justement l'opinion de de M. Martin sur les finances russes et leur désarroi. Si la condition des prêteurs français lui paraissait pitoyable en mars 1906, combien plus il la jugerait désespérée après l'emprunt d'avril? Et combien plus il jugerait que toutes garanties sérieuses leur manquent, depuis que la dissolution de la Douma a démontré que même les essais de parlementarisme trompent en Russie?

LA BANQUEROUTE RUSSE

I. — Le plus grand débiteur de l'histoire universelle.

Ce n'est pas un rôle agréable que d'apporter des considérations sur la banqueroute d'un homme ou d'un établissement, tant que cette banqueroute n'est point déclarée. Mais lorsqu'il s'agit de sauvegarder la situation de sa patrie et d'éviter de graves dommages à la vaste foule de ceux qui possèdent peu et n'ont aucune expérience des papiers de spéculation, alors c'est un devoir national et social de décrire les choses, comme elles sont.

L'État français a présentement, d'après le calcul de Leroy-Beaulieu, 30 milliards de francs de dette d'État, et se trouve ainsi à la tête des États endettés. Les dettes d'État de l'Angleterre, qui se sont de nouveau fort enflées après la guerre des Boers, atteignent 20 milliards de francs. L'État russe avait, au 1er mars 1906, 22 milliards de francs de dettes d'État ou 17.6 milliards de marks (1), qui exigent annuellement un

____

1 Le professeur Carl Ballod, dans son compte-rendu très remarqué de mon livre *L'Avenir de la Russie et du Japon*, dans le *Jahrbuch* de Schmoller, 1er fascicule de 1905, p. 462, évalue les dettes d'État russes à 17.1 milliards de marks. Helfferich, dans son étude *L'Argent dans la Guerre russo-japonaise*, p. 120, estime de même les dettes d'État russes à 7.917.5 millions de roubles, soit 17.100 millions de marks, en novembre 1905, contre 6.636 millions de roubles au début de 1904. Depuis, cette dette s'est encore accrue de 250 millions de roubles, soit 540 millions de marks, par l'émission de 400 millions de roubles de bons du Trésor, en vertu de la loi du 9 décembre 1905. Cf. le Rapport du Ministre des finances à S. M. l'Empereur sur le budget de l'Empire pour 1906. Saint-Pétersbourg, 1905, p. 8.

intérêt et un amortissement de 723 millions de marks (1).

Mais tandis que les dettes d'Etat de la France et de l'Angleterre sont dues à des emprunts couverts dans le pays même, la Russie a pris à l'étranger environ 15 milliards de francs (2). Du point de vue des Etats étrangers, les dettes intérieures d'un Etat ne sont pas du tout à considérer comme dettes. Qu'un Etat fasse des emprunts à ses propres citoyens ou qu'il use envers eux de la vis de l'impôt, cela peut être indifférent à l'étranger.

Depuis que le monde existe, aucun Etat n'a encore jamais fait autant de dettes à l'étranger que la Russie. De ce point de vue on peut dire : Il n'y a jamais eu au monde une personne qui se soit trouvée, vis-à-vis d'autres personnes, aussi endettée que l'Etat russe.

Mais pourquoi l'Etat russe emprunte-t-il continuellement à l'étranger? Parce que la vie économique de la Russie ne peut lui fournir les ressources nécessaires à sa politique mondiale. La dette, sans exemple dans l'histoire, de l'Etat russe à l'étranger, nous autoriserait à parler de la possibilité d'une banqueroute de l'Etat russe, même si nous ne sentions pas le devoir d'éloigner de notre propre patrie un lourd danger social et national.

II. — Le danger d'une insolvabilité permanente.

Dans la vie privée, le début de l'insolvabilité est le préliminaire de la déclaration de faillite. Pour l'Etat, qui est insolvable, il n'y a ni tribunal, ni procédure de faillite. Un Etat

---

1. D'après le Rapport du Ministre des finances à S. M. l'Empereur sur le budget pour 1905 pp. 9, 26 et 394, le service des intérêts s'élève, en 1906, à 334.7 millions de roubles, soit 723 millions de marks.

2. D'après l'estimation de Karl Helfferich *loc. cit.*, Berlin 1906, p. 139, au début de 1904, 7 à 9 milliards de francs de papiers d'Etat russes se trouvaient en des mains françaises, tandis qu'en Allemagne, en Hollande et en Angleterre, 3 milliards environ avaient été souscrits. Le professeur Carl Ballod entre autres passages, p. 463 pense que les deux tiers ou les trois quarts de la dette d'Etat russe se trouvent à l'étranger. Cf. aussi Georg Bernhard : *Pauvre riche Russie*, Berlin, 1905, pp. 31 et 68.

fait banqueroute, quand il suspend ses paiements. Si les Etats ne peuvent ou ne veulent plus payer, ils s'efforcent le plus souvent de voiler leur insolvabilité, en payant en papier au lieu d'or. Aucun Etat n'a mieux compris la fabrication du papier-monnaie que la France pendant la Révolution. Les fameux assignats de la Révolution française, avec lesquels, depuis août 1790, les intérêts de la dette d'Etat furent payés, ont été en cours depuis le 19 décembre 1789 jusqu'au 21 mai 1797. Le 19 février 1796, il n'y avait pas moins de 45 milliards et demi de francs en circulation sous forme d'assignats (1.

Si un Etat ne peut pas faire face à ses obligations d'une manière seulement passagère, il est inique et insensé de parler d'une banqueroute d'Etat. Pendant une guerre, il peut facilement arriver qu'un Etat ne puisse pas rembourser son papier-monnaie ni ses billets d'une manière régulière. L'essentiel est qu'après la guerre l'Etat puisse faire face de nouveau à ses obligations.

Combien de temps la Russie sera-t-elle en état de faire face à ses obligations? Le danger d'une banqueroute nous a déjà été signalé souvent, depuis la dernière guerre, par des écrivains en vue. C'est un service historique qu'ont rendu Paul Rohrbach et le professeur Hans Delbrück en signalant les premiers dans les *Preussische Jahrbücher* la base incertaine de l'étalon or russe et le danger d'une suspension des payements de l'Etat russe. L'étude de Rohrbach, *Le système financier de Witte*, qui a paru en 1902 dans les *Preussische Jahrbücher*, contient déjà l'essentiel de ce qu'on peut apporter contre les emprunts russes.

Après les jours critiques d'octobre et de novembre 1905, où les 100 millions de roubles de bons du Trésor viennent à échéance, viendra le terrible 12 août 1908, où le gouvernement russe devra rembourser 150 millions de roubles de billets (Rentebillets qu'il a émis le 12 août 1904.

Un autre jour de souci sera le 1ᵉʳ juillet 1911, où l'emprunt

---

(1 *Dictionnaire des Finances*, publié sous la direction de M. Léon Say, Paris, 1889, Assignats, p. 135.

allemand-hollandais de 500 millions de marks, dans la mesure
où les possesseurs des titres auront fait crédit jusqu'au 1er janvier 1911, devra être remboursé. Cet emprunt à 4 1/2 p. c. a été
coté à 95 sur le marché de Berlin en janvier 1905. Au milieu de
décembre 1905 il était tombé déjà à 85 p. c. Depuis lors
jusqu'à février 1906, il est remonté avec peine à 92, en attendant
le moment où il sera condamné à une nouvelle et plus profonde
dépréciation. Comme le gouvernement russe doit rembourser
cet emprunt à sa valeur nominale au 1er juillet 1911, l'échéance
est assurée.

Où l'insolvabilité de la Russie va-t-elle d'abord se révéler?
Dans le domaine de la dette d'Etat dite consolidée, c'est-à-dire
de la rente d'Etat, ou dans le domaine du papier-monnaie, c'est-
à-dire du billet de banque? *Dans le domaine du papier-
monnaie, l'Etat russe est un vieux et terrible banquerou-
tier. Dans la récidive prochaine, il a l'excuse de
l'atavisme, de la tare héréditaire.* La méthode d'après
laquelle l'Etat russe sait exploiter le public par sa banqueroute
est toujours la même. Il imprime du papier-monnaie ou des
billets de la Banque d'Etat, autant qu'il en a besoin. Puis il
laisse, pendant des années et des dizaines d'années, le papier-
monnaie se déprécier, en suspendant l'engagement pris pour le
remboursement. A la fin, il fait rentrer le papier déprécié environ aux 2/7 de sa valeur nominale. Par cette banqueroute, il a
gagné 5/7. Avec indulgence, comme le monde juge en de tels
cas, on appelle cela une chute de la valeur monétaire plutôt
qu'une banqueroute d'Etat.

Le plus remarquable connaisseur de l'économie russe, le
professeur Carl Ballod, docent à l'Université de Berlin et membre de l'Office national de Statistique de Prusse, dans un compte-
rendu de mon livre *L'Avenir de la Russie et du Japon*, dans le
*Jahrbuch für Gesetzgebung, Verwaltung und Volkswirt-
schaft*, de Schmoller — 1er fascicule, 1905, p. 161, a fait remarquer
que la Russie, dans le cours des cent dernières années, n'avait
pas moins de trois fois assisté à la dépréciation de son papier, et
chaque fois à la suite d'une guerre, à savoir de la guerre contre
Napoléon (1812), de la guerre de Crimée (1854-1856) et de la
guerre turque (1877-1878). Le remède était chaque fois une

mesure qui équivaut plus ou moins à la banqueroute (1).

Au papier-monnaie, déprécié par la guerre napoléonienne, fut attribué, en 1839, un cours légal des deux septièmes de sa valeur nominale. L'étalon-argent établi alors, disparut à son tour, deux ans après la guerre de Crimée. Le 16 mai 1858, le remboursement des billets de crédit fut suspendu. Le gouvernement russe, en 1839, avait expressément promis que les billets de crédit (roubles-papier) pourraient être réalisés en tous temps. Mais que fit-il alors?

Il s'empara peu à peu de la monnaie de métal (argent et or) réservée comme couverture des billets et la remplaça par ses propres papiers de dette. Alors aussi chacun a pensé qu'il était impossible que le Gouvernement s'emparât lui-même des fonds de couverture. Mais l'État russe a-t-il donc, depuis l'année 1853, où le dernier rouble-argent sortit du fonds de réserve, jusqu'aujourd'hui, si complètement changé?

Après la guerre turque (1877 à 1878) se produisit une forte dépréciation du papier russe : le cours tomba de 88 à 60, jusqu'à 50 p. c. de la valeur nominale du rouble-papier. Par la réforme du change (Valuta reform) que fit Witte, le rouble-argent a enfin été fixé aux deux tiers de sa valeur nominale primitive.

À l'heure actuelle, il n'y a pas en Russie d'autre papier-monnaie que les billets-roubles de la Banque d'État, dont le propriétaire est l'État. Avant le début de la guerre, en février 1905, la masse de billets de la Banque d'État russe, alors en cours, atteignait 630 millions de roubles. En janvier 1906, elle atteignait déjà 1.290 millions de roubles. Hélas! la réserve d'or appartenant à la Banque d'Empire pendant le même temps, n'a pas monté, mais a au contraire diminué.

La couverture des billets émis est donc chaque jour devenue plus petite. Avant le début de la guerre, le total de l'or appartenant à la Banque atteignait la somme de 1.062.9 millions de roubles. Présentement, cette réserve or ne se monte qu'à 911 millions de roubles environ. Aussitôt que les 100 millions de

1) RUDOLF MARTIN, *L'Avenir de la Russie et du Japon*, Berlin. Heymann, 1905, pp. 75 et 76.

roubles de bons du Trésor seront présentés à l'escompte de la Banque d'Etat, la réserve d'or tombera à 500 millions de roubles. En fait, la Banque d'Etat russe devrait, avec une si petite réserve, suspendre le paiement des billets qui lui seraient alors présentés en masse. L'étalon-or de la Russie est donc en danger.

Qu'on ne croie pas qu'une telle ruine de l'étalon-or, ou en d'autres termes une banqueroute d'Etat dans le domaine du papier-monnaie, causerait de moindres ravages dans la vie économique russe que la suspension des paiements des intérêts des dettes d'Etat.

Dans la Révolution française, la chute de la Rente d'Etat des deux tiers en 1797 me semble avoir été le moindre mal, en face de la banqueroute d'Etat dans le domaine du papier-monnaie.

Il n'a pas été au pouvoir de la Révolution française de rembourser ses assignats à leur valeur nominale. Lorsqu'à partir de 1796 on abolissait les assignats, on échangeait 24 milliards de francs d'assignats contre 800 millions de francs de mandats, un papier nouveau qu'on créait (1). Les possesseurs des assignats n'obtenaient donc que le tiers de la valeur nominale en un nouveau papier. Mais les mandats n'eurent dès le début que 10 p. c. de leur valeur nominale et quelques semaines après 5 p. c. (2). Après que les mandats furent tombés à 0 en février 1797, ils furent retirés (3). La banqueroute, dans le domaine du papier-monnaie, s'élevait donc à environ 24 milliards de francs, tandis que la banqueroute dans le domaine de la Rente consolidée s'élevait seulement à environ 3 milliards de francs.

La Révolution russe verra-t-elle un nouveau système d'assignats? La Russie pré-révolutionnaire jouissait, depuis l'établissement de l'étalon-or, de brillantes conditions, au point de vue

---

(1) Assignats. *Dictionnaire des finances*, p. 125. — SYBEL, *Histoire de la Révolution 1789-1799*, édition populaire, tome VI, Stuttgart, 1898, p. 28.

(2) SYBEL, entre autres passages, pp. 285 et 286.

(3) IDEM, tome VII, Stuttgart, 1899, p. 380.

monnaie. Il n'en aurait pas été ainsi, si l'Etat russe n'avait pas obtenu 12 milliards de marks d'argent étranger et la nation russe peut-être encore 4 milliards d'or étranger pour des entreprises industrielles et des chemins de fer. La Russie a été sur ce point plus favorisée que la monarchie française, qui devait faire à l'intérieur presque tous ses emprunts.

Le mouvement révolutionnaire en France fut dans une large mesure une conséquence du déficit financier de l'Etat. Mais il fut aussi dès le premier jour une cause de l'augmentation du déficit et par là de l'augmentation des éléments de révolution. Une révolution qui bouleverse les valeurs, et diminue la richesse comme le revenu de la nation, ne peut jamais améliorer d'une manière organique les finances de l'Etat. Elle ne peut qu'assainir la finance par la banqueroute d'Etat. Mais un assainissement de ce genre ressemble à l'amputation d'un bras malade.

Comme en France, la banqueroute de l'Etat sera en même temps cause et conséquence de la Révolution. Et de même, la Révolution apparaîtra en même temps comme cause et conséquence de la banqueroute. La mauvaise situation des finances de l'Etat était en France évidemment une des causes profondes et la cause déterminante de la Révolution. La haute technique financière de l'empire russe a rendu cette cause plus difficile à reconnaître pour un œil inexercé, avant la Révolution.

Le bourgeois de Berlin, qui de 1786 à 1789 lisait au petit déjeuner le *Vossische Zeitung*, devait de jour en jour, par les remarquables lettres de son correspondant parisien, être amené à reconnaître que les embarras financiers de la France contribuaient à amener une révolution. Son arrière-neveu, qui a pris soin de lire le *Vossische Zeitung* de 1902 à 1905, ne pouvait avoir en aucune manière cette impression à la lecture des nouvelles de Russie. Mais si, en 1902, il a étudié le travail de Paul Rohrbach, dans le *Preussische Jahrbücher*, sur le système financier de Witte, ou en août 1905, mon livre sur l'*Avenir du Japon et de la Russie*, alors il ne sera pas exempt d'inquiétude, comme possesseur de papiers d'Etat russe; il craindra que l'augmentation des difficultés financières de l'empire russe au cours des années qui suivront l'appel d'un parlement, ne contribue toujours plus au révolutionnement de cet empire mondial. Au risque d'être encore une fois regardé dans toutes les parties du monde, pour quelques mois et peut être pour quelques années, comme un faux prophète, j'annonce que dans les années ou dans les lustres qui viennent, les difficultés financières continuelles de l'Etat russe se révéleront comme un facteur principal du mouvement révolutionnaire en Russie. Elles amèneront d'abord un conflit passionné entre la couronne et le Parlement, et d'année en année, entraineront l'empire russe dans un mouvement révolutionnaire. Nous verrons plus loin que l'Etat russe, pour l'apaisement de ce bouleversement intérieur, fera usage de ses plus forts moyens. Il est vraisemblable que, d'abord en partie, puis complètement, le paiement des intérêts de la dette de l'Etat à l'étranger sera suspendu. Mais par suite de la grandeur du mouvement révolutionnaire russe, cette mesure ne suffira pas pour ramener l'ordre dans les finances russes. La dette d'Etat, toujours croissante dans le domaine du papier-monnaie, sera tout comme le système des assignats, pendant les années qui viennent, une perpétuelle pomme de discorde dans le Parlement d'Empire ou dans les différents Parlements d'Etat de la Russie d'aujourd'hui. La dette des rentes d'Etat russe, dès la suspension des paiements d'intérêts, amènera aussi de graves conflits avec l'étranger, et ces conflits auront leur répercussion dans la croissance du mouvement révolutionnaire russe. L'immixtion des Etats étrangers dans la Révolution française a toujours attisé le feu des passions révolutionnaires et a été une des principales causes du régime de la terreur et de ses horreurs.

L'éclat extérieur des finances russes, par lequel l'œil de l'ignorant s'est laissé jusqu'à ce jour éblouir, avait deux causes qui toutes deux présentement sont sur le point de disparaître, à savoir l'entrée des capitaux étrangers et l'absolutisme. Les 12 milliards de marks que l'étranger a prêtés à l'Etat russe et les 4 milliards de marks environ que l'étranger a placés dans les entreprises industrielles de Russie, faisaient paraître la Russie riche. Ils rendaient possible l'étalon d'or, le paiement des intérêts et la politique mondiale de Russie. Mais sous un régime constitutionnel, l'État russe n'aurait pu introduire l'équilibre du budget, l'étalon d'or, la nationalisation des chemins de fer, le paiement régulier des intérêts. Pour de telles fonctions, la Russie est trop pauvre. Seule, la main de fer de l'absolutisme a maintenu une brillante apparence à l'état financier de la Russie, au détriment de l'économie nationale et de la force vitale de la nation. Par le manifeste du 30 octobre, le Tsar abandonne l'autocratie. Par l'explosion de la catastrophe russe, l'étranger a perdu la tendance à confier encore ses économies à l'État russe et à l'industrie russe. Par ces deux faits, la chute du système financier de Witte est devenue inévitable.

Lorsque le roi de France, Louis XVI, se résolut, en novembre 1787, à convoquer les Trois-États, il se berça de l'espoir que ce serait là le vrai moyen de rétablir l'ordre dans les finances de son État. Aussi bien en France qu'à l'étranger, on avait l'impression que la convocation d'un parlement améliorerait la situation financière de la France. Et, en fait, l'Assemblée nationale a unanimement repoussé toute pensée de banqueroute et tenu pour infâme le nom seul de banqueroute. Le 13 juillet 1789, lorsque Necker avait démissionné pour la seconde fois, l'Assemblée nationale déclarait que la dette publique était pour la nation une affaire d'honneur, que la nation ne se refusait pas à payer les intérêts et qu'aucune puissance n'a le droit de prononcer le mot infâme de banqueroute (1).

Sur la masse peu raisonnable des boursiers et des capitalistes, l'éventualité d'une constitution et d'un contrôle parlementaire du budget au seuil des révolutions française et russe a produit une impression d'animation. Mais avec une identité remarquable, dans les deux cas, cette vision pleine d'espoir sur l'avenir a été troublée par une série infinie de mauvaises nouvelles.

En France, l'espérance des créanciers de l'État dans une

---

(1) Emmanuel de Bray, *Dictionnaire des Finances*, p. 1425.

amélioration des conditions financières a été peu à peu trompée par le parlementarisme. A l'automne de 1790, l'Assemblée nationale décide de payer à l'avenir les intérêts de la Rente d'Etat en assignats. Au cours des années, ce papier-monnaie tombe à 1 p. c. et finalement à 1/4 p. c. de sa valeur nominale. Le payement en assignats inaugurera donc la banqueroute d'Etat. La Douma d'Empire apportera-t-elle plus de joie aux créanciers de l'Etat russe ?

Le parlement russe qui vient surpassera-t-il tous les parlements des autres peuples dans son ardeur à décider de nouveaux impôts, de nouvelles charges ? Le moujik catholique-grec, qui hait à mort les étrangers et les païens, aura-t-il tendance à se charger de nouveaux impôts pour payer les intérêts des dettes d'Etat contractées à l'étranger ? Le paysan lithuanien ou letton, qui brûle les résidences de ses maîtres allemands, sera-t-il satisfait de l'obligation de contribuer au payement d'intérêts de la dette d'Etat à l'étranger ?

Peut-être assistera-t-on à une noble émulation entre Tatars et Arméniens, à qui trouvera de nouvelles sources d'impôts pour envoyer les sommes recueillies vers Paris ou Berlin !

Mais même, si en dépit de toutes les expériences historiques, ce parlement arraché au Tsar par le peuple offrait le spectacle singulier d'une représentation populaire prête à tout approuver, le peuple russe serait-il prêt à assumer de nouvelles charges ? En serait-il capable ? Au milieu de la pauvreté de la Russie et de l'agitation politique de la population, le gouvernement constitutionnel aura plus de peine à découvrir et à exploiter les nouvelles sources d'impôts que l'absolutisme le moins scrupuleux.

La fin de l'autocratie plaît à l'œil inexpérimenté du créancier de l'Etat russe qui vit à l'étranger. Mais les circonstances qui l'accompagnent l'épouvantent. L'issue malheureuse de la guerre, l'accroissement de la dette d'Etat, et enfin le pire, le début d'une révolution dont on ne voit pas la fin, l'inquiètent.

La situation financière de l'Etat russe empire de mois en mois. Depuis le commencement de la Révolution, l'émigration des capitaux, déjà notable antérieurement, a pris des dimensions toujours plus grandes. De juillet 1905 à février 1906, il se pour-

rait que plus d'un milliard de marks en capital aient été retirés
de la Russie. Non seulement les émigrants, mais aussi les capitalistes qui demeurent en Russie tiennent pour sage de faire
passer leurs biens à l'étranger. A mesure que la Révolution
dure, le trouble de l'économie augmente. On ne peut peut-être
pas encore dire aujourd'hui si c'est la Révolution ou la contre-
révolution qui a anéanti le plus de capitaux. Le pillage ou
l'incendie de cent résidences seigneuriales dans les provinces
baltiques et dans d'autres parties de l'Empire a pour conséquence, selon la vieille méthode russe, lors de la défaite des
émeutes, le pillage et l'incendie de milliers de chaumières
paysannes. Aux troubles que les révolutionnaires provoquaient
dans les villes succédaient les massacres de juifs et la rage
barbare des bandes noires. Ceux qui connaissent le gouvernement russe estiment même le dommage causé par les troubles
agraires dans l'automne de 1905 à 36 millions de roubles, donc
70 millions de marks. Par suite de l'impuissance ou de l'indif-
férence du gouvernement russe, les troubles de Bakou ont
causé à la richesse russe une perte d'un demi-milliard de
marks (1). Dans toutes les parties de l'Empire, de la frontière
polonaise à Vladivostock, la Révolution a anéanti les valeurs.
L'emprunt de 40 millions de marks, que la chevalerie de
Kurland, Livonie et Esthonie tentait de faire à Berlin fin
janvier 1906, témoigne de l'étendue du bouleversement dans
les biens nobles de la Baltique. Le fait que depuis le début des
luttes entre Tatars et Arméniens à Bakou, de septembre 1905
jusqu'à mars 1906, aucune tonne de pétrole n'a été expédiée de
Bakou, montre combien la vie économique de la Russie a eu
à souffrir de cette révolution.

Combien l'industrie du naphte a eu à souffrir à Bakou, c'est
ce que montre le projet de budget d'ailleurs très optimiste pour
l'année 1906, projet qui a estimé le revenu tiré de l'impôt sur le
naphte à 1 1 environ de ce qu'il était pour l'année 1905. En
outre, l'État russe, en dépit de sa détresse financière, a dû

---

1 Professeur CARL BALLOD, dans le *Schmollers Jahrbuch für
Gesetzgebung*, 4e fascicule, 1905, p. 165.

inscrire parmi les dépenses extraordinaires pour 1906 une somme de 15 millions de roubles pour des prêts destinés à la restauration des entreprises de naphte.

Le trouble qui règne dans les richesses de l'Etat est depuis le début de la Révolution déjà extraordinaire. Particulièrement les chemins de fer et les boutiques du monopole de l'alcool ont eu à souffrir. Dans le Caucase, le long du chemin de fer sibérien, et dans les provinces baltiques, un grand nombre de stations de chemin de fer ont été pillées ou incendiées. *Depuis le début de 1905, le mouvement révolutionnaire pourrait bien avoir diminué la richesse nationale russe, soit publique, soit privée, d'au moins un milliard de marks. A cela s'ajoute le dommage porté par l'émigration de plus d'un milliard de marks environ de la richesse économique de la Russie.*

Le projet de budget élaboré à la fin de l'année 1905 pour 1906 repose sur la prévision qu'en 1906 il n'y aura pas de mouvement révolutionnaire. Dans son Rapport à l'Empereur sur le budget d'Empire de 1906, le ministre des finances russe dit textuellement : « On peut s'attendre à ce que les estimations du projet se montreront justes dans le cas où les troubles présents cesseront en Russie, mais si ces troubles devaient encore durer, ils pourraient produire à quelques chapitres des recettes des diminutions dont le montant ne se laisse pas déterminer à l'avance. »

Je crains que dans le budget des recettes russes de 1906 il n'y ait une grêle de semblables diminutions que l'édition française désigne plus clairement sous le nom de *diminutions de rendement.* Il aurait été juste d'inscrire pour le moins dans le budget extraordinaire, parmi les dépenses, environ 2 milliards de marks en considération de la révolution présente pour compenser les dommages directs de la Révolution comme la diminution en recettes. Dans son Rapport à l'Empereur, le ministre des finances russe justifie cette omission par les mots suivants : « Les crédits inscrits au budget comprennent ces dépenses extraordinaires, qui ont été prévues par le Conseil d'Empire dans le budget pour 1906 en vue de circonstances plus ou moins normales de la vie de l'Etat. Au contraire, une durée plus longue des troubles pourrait rendre nécessaires des crédits supplémentaires. Cependant de telles dépenses, d'après leur caractère, ne peuvent pas être un objet des estimations du projet et ne peuvent trouver place dans le budget même qu'à des conditions très strictes, en ce qui concerne l'intégrité de ce dernier. »

III. — L'immense richesse de la Russie.

Mais la solvabilité de l'empire russe n'est-elle pas garantie par la richesse de la Russie? Presque tous les possesseurs de titres de rente russes sont convaincus de la richesse de la Russie et ils voient dans les trésors encore inexploités de la Russie la garantie de la continuation du paiement des intérêts.

La Russie est immensément riche. Cette illusion constitue la plus grande tromperie de l'histoire. Grâce à ce mirage d'une fausse réalité, grâce à l'étouffement de vérités infiniment nombreuses, des nations entières, avec leur travail national et pendant des générations, ont fourni à l'empire russe de véritables prestations. Les économies acquises avec peine par le travail et les privations de nombreux millions de Français et d'Allemands ont été prêtées au loin dans la vaste Russie, parce qu'elle devait être immensément riche! En particulier, depuis l'apparition de mon livre, j'ai eu occasion de connaître les idées d'hommes très nombreux sur les forces financières de la Russie. Singulière est l'unanimité avec laquelle les hommes de toutes classes s'efforçaient de détruire mon inquiétude sur l'avenir de la Russie par cette affirmation : « Mais la Russie est pourtant immensément riche! »

Qui a le premier répandu cette erreur parmi les masses? Qui a créé cette indispensable condition du Panama qui approche? Ce n'était que sur la foi d'une erreur aussi générale qu'un peuple aussi prudent que le peuple allemand pouvait sans cesse et toujours apporter ses économies au Moloch russe, et qu'encore en janvier 1905 un emprunt russe de 500 millions de marks pouvait être souscrit en Allemagne et en Hollande. Les possesseurs des titres de cet emprunt à 4 1/2 p. c., qui fut émis à un cours de 95 p. c., doivent avoir été un peu ébranlés dans leur confiance en l'infinie richesse de la Russie, car ils ont vendu ces titres en grandes masses avec une perte d'environ 10 p. c., à 85, au milieu de décembre 1905.

Au point de vue historique, il peut être d'un haut intérêt d'examiner en détail cette erreur. Nous voulons nous contenter d'établir ici que les banquiers les plus expérimentés et les parlementaires les plus fins se trompent dans leur idée de la richesse russe exactement comme de petits artisans, coiffeurs ou paysans. Sûrement une erreur de cette étendue ne s'est pas répandue sans la faute de quelques-uns. Mais la nation comme telle ne peut être, elle aussi, complètement absoute. Si le peuple allemand devait perdre finalement 2 milliards des 2 1/2 milliards de rentes d'Etat et 1 milliard de titres de chemins de fer et d'industrie, soit en tout 3 1/2 milliards de valeurs russes qu'il possède encore aujourd'hui, cette perte, sans exemple, d'une grandeur telle que seule une guerre malheureuse pourrait en infliger une semblable à la richesse nationale, ne parle pas en faveur des qualités de jugement de la nation allemande. Et encore, en comparaison des Français, nous semblons, nous Allemands, très supérieurs en jugement, car les Français ont à supporter, après leur petite banqueroute du Panama, la colossale banqueroute de l'Etat russe pour une part de 10 milliards de francs. Mais combien plus prudentes se montrent la nation anglaise et la nation américaine, qui n'ont presque aucune part dans cette banqueroute, la plus grande de l'histoire!

Les Anglais n'ont jamais cru à la richesse infinie de la Russie. Ils n'ont jamais, non plus, regardé la puissance sans limite de l'autocrate comme une baguette magique, qui pourrait faire sortir de terre des trésors infinis. De très bonne heure, déjà sous le tsar Michel Romanov (1613-1645), la Russie a fait de vains efforts pour obtenir des emprunts en Angleterre (1).

En quoi consiste cette richesse infinie de la Russie, dont

(1. RUDOLF MARTIN, *L'Avenir de la Russie et du Japon*, Berlin, Heymann, 1905, p. 90; BRSENY, *Le Développement de la dette d'Etat russe*, *Finanzarchiv*, 6ᵉ année, Stuttgart, 1889, p. 154.

l'existence, en France comme en Allemagne, soulève si peu de doutes? Git-elle sous terre, est-elle la terre même? ou quelque chose d'autre qui se trouve sur la terre? Est-ce un objet unique ou y a-t-il plusieurs objets, ou encore une longue liste est-elle nécessaire pour désigner tous les objets de valeur? Pourquoi personne ne donne-t-il une copie de cette liste au comte Witte qui, dans la présente détresse financière de la Russie, s'en montrerait fort reconnaissant?

Ceux qui devraient le savoir, les géographes, les économistes, ne connaissent rien de l'infinie richesse de la Russie. La plus importante richesse de la Russie est son sol. Or, on doit savoir que la partie nord de la Russie est un pays de forêts et que c'est seulement dans le reste que l'on peut faire de la culture. Le sol qui sert à la culture est par nature, particulièrement dans la Russie centrale, très fertile. La terre noire est célèbre, précisément, par sa fertilité; mais aussi loin que le sol est bon, il est complètement occupé et dépend ainsi de l'habileté du peuple qui, à l'heure actuelle, le cultive. Par la nature du peuple russe, la qualité et la faculté de rendement du sol ont été diminuées d'une manière générale. En raison de l'ignorance et de l'état arriéré de la population qui cultive le sol labourable, la Russie n'est point riche, mais pauvre.

Mais la Russie n'a-t-elle pas aussi une industrie? La Russie a une industrie à domicile étendue (1), que G. Cleinow tient pour très capable de développement, et une grande industrie importante. Les articles d'usage général sont complètement fabriqués à l'intérieur. La grande industrie cotonnière russe travaille, en partie, dans des fabriques gigantesques, citées comme modèles. L'industrie du fer russe est aussi, en général, installée d'une manière moderne et productive (2).

---

(1) GEORGE CLEINOW, *Contributions à l'étude de la situation du travail à domicile, à Toula (Schmollers Staats- und Sozial-Wissenschaften Forschungen)*, Leipzig, 1904.

(2) Une étude détaillée des limites où s'arrêtera l'industrie russe se trouve dans mon livre : *L'Avenir de la Russie et du Japon*, pp. 96 et suivantes.

L'industrie russe tient le marché intérieur, donc la consommation de 112 millions d'hommes, grâce à de hauts droits d'entrée qui ont souvent subi des élévations depuis 1877. La construction de chemins de fer, entrepris par l'Etat ou inspirés par lui, a été l'objet principal de la consommation du fer. Ce socialisme d'Etat, uni aux tarifs de protection industrielle, a été, pendant le dernier quart de siècle, la vie économique de la Russie, et a servi surtout l'Etat russe (1).

Les conditions naturelles de la grande industrie russe ne sont en aucune manière particulièrement favorables. Le coton a, de Ferghana, dans l'Asie centrale russe, jusqu'à Moscou ou la Pologne, un long voyage à faire. Les minerais de fer et le charbon ne se trouvent dans un voisinage immédiat que dans le bassin du Donetz et la Russie du Sud. Mais ici les conditions de livraison ne sont pas aussi favorables qu'en Lorraine ou dans le bassin de la Ruhr. — Tout considéré, dit le professeur de géographie Alfred Hettner, le sous-sol de l'Europe orientale est assez pauvre en trésors minéraux (2) ».

Toutes les branches de la grande industrie russe ont à souffrir de la classe ouvrière slave-russe et de l'état arriéré de l'enseignement professionnel ou de l'instruction populaire en Russie. Ainsi, la grande industrie russe a été jusqu'ici incapable dans n'importe quelle branche importante d'exporter ses marchandises. Comme les produits de l'industrie russe ont à concurrencer sur le marché mondial les produits de l'industrie allemande, anglaise, américaine, c'est-à-dire les produits d'une classe ouvrière supérieure et d'un patronat supérieur, il pourrait bien s'écouler encore des dizaines d'années avant que, pour quelques-uns de ses produits seulement, l'industrie russe puisse se hasarder sur le marché du monde.

Si la Russie avait quelques trésors naturels importants, l'Etat russe pourrait, dans sa détresse, et dans la mesure où ils lui

---

(1) Rudolf Martin. *L'Industrie du fer dans sa lutte pour les débouchés. Etude sur les tarifs douaniers et les cartels.* Leipzig, Duncker et Humblot, 1904, p. 147.

(2) Alfred Hettner, entre autres passages, p. 190.

appartiennent, les donner en gage aux capitalistes étrangers. Une source d'or pour la Russie est la source de naphte de Bakou. Mais même cette perle de la Russie est extraordinairement diminuée en valeur par le peu de valeur de la population et du Gouvernement.

Par les combats entre Arméniens et Tatars, à Bakou, à l'automne de 1905, combats que le Gouvernement fut trop faible pour empêcher, la valeur de l'industrie du naphte fut diminuée d'un demi-milliard de marks. Le professeur Carl Ballod indique avec raison que, dans de telles conditions, le gage constitué par des objets de valeur qui se trouvent en Russie a pour des créanciers étrangers une valeur bien douteuse (1).

Mon jugement d'ensemble sur les richesses russes n'est en aucune manière plus pessimiste que le jugement d'un professeur de géographie, purement objectif, comme l'est Alfred Hettner (2). Il n'est point vrai que la Russie est immensément riche, mais c'est un fait incontestable que la mise en œuvre des facultés naturelles du sol russe ait été, depuis des générations, rendue plus difficile par l'état de la race et de la religion russes.

IV. — Le plus grand déficit de l'histoire financière.

Quiconque veut bien juger et d'une manière durable la situation financière d'un État, doit porter en premier lieu son attention sur son état économique et seulement en second lieu sur les finances de l'État. Ce sont seulement les conditions sociales, économiques, politiques et militaires d'un État qui peuvent permettre avec sûreté un jugement sur l'avenir de ses finances. Lorsque par la paix conclue à Portsmouth, en août 1905, la rente d'État russe de 1902 monta de 88 1/2 à 93.20 en quelques jours, tous les journaux amis de la

(1) CARL BALLOD, *Schmollers Jahrbuch für Gesetzgebung*. 4e fascicule, 1905, p. 465.
(2) ALFRED HETTNER, p. 305.

Russie se réjouissaient de ce que mon livre paru le 22 août tombât à faux. On me citait couramment comme un faux prophète. Il n'y eut que de journaux peu nombreux et spécialement bien dirigés pour reconnaître clairement que ma prédiction de la banqueroute russe était si bien fondée que la conclusion d'une paix relativement favorable à la Russie ne pouvait rien changer aux bases de ma prédiction.

Dès l'automne de 1903, il était clair que la situation jusque-là favorable de la Russie était sur le point de se transformer en une situation défavorable. Déjà alors, la guerre apparaissait comme inévitable. Que la guerre fût une défaite et eut pour conséquence une Révolution, il ne pouvait y avoir aucun doute là-dessus.

Lorsqu'au printemps de 1905, dans la *Marine-Rundschau*, je lus les articles publiés par le professeur Dr Helfferich, conseiller de légation en activité, sur « le côté financier de la guerre russo-japonaise », articles dans lesquels il décrivait la brillante situation financière de la Russie et les excédents du budget russe, j'étais déjà convaincu que c'était le dernier honneur qui serait rendu au système financier de Witte.

Le règlement du budget publié en novembre 1905 par le contrôle impérial russe montre l'énorme déficit de 317 millions de roubles, budget ordinaire et budget extraordinaire compris (1). Ce déficit colossal se révéla quand tous les emprunts de l'année 1904 eurent été inscrits parmi les revenus du budget extraordinaire. Le déficit de 1904, déficit de 317 millions de roubles, a été, d'après la *Gazette de Francfort* (11 novembre 1905, 2e feuille du matin, et 16 janvier 1906, feuille du soir), couvert avec les fonds disponibles du trésor (ans den freien Barbestand der Reichsrente), c'est-à-dire avec la richesse disponible de l'État (2). Par là, les fonds disponibles de l'État ont cessé d'exister d'une manière générale.

---

(1) Rapport du Ministre des finances à S. M. l'Empereur pour l'exercice 1906, Saint-Pétersbourg, 1905 ; *Frankfurt Zeitung*, 2e feuille du matin du 11 novembre 1905 et feuille du soir du 16 janvier 1906.

(2) Cf. là-dessus le Rapport du Ministre des finances à S. M. l'Empereur sur le budget de l'Empire pour 1905, Saint-Pétersbourg, 1905, p. 7.

Déjà, à la fin d'août et au début de septembre 1905, le ministre russe des finances Kokowtzeff a exprimé, à plusieurs reprises, son avis sur mon livre, soit au correspondant du *Standard*, soit aux représentants du *Pester Lloyd* et du *Neues Wiener Tageblatt*. D'après le journal russe *Birsh. Wed.*, le ministre des finances Kokowtzeff a, devant le correspondant du *Standard*, qualifié mon livre de « sot bavardage » (Gewäsch). Pour appuyer cette critique particulière, le ministre disait au correspondant : « Je peux prédire que le budget pour 1906 sera brillant. J'espère que toutes les dépenses extraordinaires pourront être couvertes avec les recettes ordinaires (1). »

Ainsi parla le ministre des finances le 4 septembre 1905. Dans le projet du budget soumis à l'Empereur par son successeur Chipoff, le déficit a déjà été estimé à 481 millions de roubles pour 1906. Si l'on s'embarrasse de prophéties, il faut que les prophéties portent. Le ministre des finances russe Kokowtzeff aurait mieux fait de ne pas entreprendre de corriger mes prédictions par les siennes. Je viens maintenant au devant de son successeur avec la prédiction, qu'il se trouvera au règlement du budget de 1906 que le déficit réel atteindra le double de ce qui avait été prévu dans le projet, si le déficit total n'est point couvert par un colossal emprunt.

Avec la complète ignorance où se trouvait encore le ministre des finances Kokowtzeff au commencement de septembre 1905, sur la situation des finances russes en 1906, il n'y a pas à s'étonner de sa déclaration aux représentants du *Pester Lloyd* et du *Neues Wiener Tageblatt*, qu'il contredirait mon livre. Le 3 septembre, il fit annoncer par l'officieuse agence télégraphique de Pétersbourg (2) son intention de soumettre mon livre à une critique objective et minutieuse, qui rendrait claire, pour tous, la vraie valeur de mon œuvre. Cette déclaration a été répandue dans le monde entier par les agences Reuter et Wolf. Mais la critique promise de mon livre, jusqu'à ce jour,

(1) *National Zeitung*, n° 5 5, du 6 septembre 1905, et *Düna-Zeitung*, n° 188, du 29 août 1905.

(2) Cf. par exemple le *Börsen-Kurier*, n° 414, du 4 septembre 1905.

n'a pas encore paru. Vraisemblablement, le ministre des finances russe s'est convaincu, dans l'intervalle, que mes informations sur la situation financière russe étaient plus authentiques et plus complètes que les siennes. Il se peut aussi que la découverte, soudainement faite, que le déficit pour l'année 1906 atteint plus d'un milliard de marks, ne lui ait point laissé le temps d'une critique de mon livre. Personnellement, j'ai tenu cette annonce d'une réponse, dès le début, pour un pur bluff, destiné à tromper le public capitaliste international. Je n'ai jamais cru à l'apparition de cet écrit.

Les dépenses ordinaires et extraordinaires du budget russe pour 1906 sont évaluées à 2 milliards 1/2 de roubles, donc à 5 milliards 1/2 de marks. En outre, s'est révélé d'après le projet un déficit de 1 milliard de marks, tandis que je l'estimais à 2 milliards. Comme le projet de budget russe laisse intentionnellement hors de compte la Révolution, nous comparerons ce budget d'abord avec le budget français de 1788, de la dernière année avant la Révolution. Pour un budget de dépenses de 600 à 700 millions de francs, il y avait lors de la convocation des États-Généraux, le 5 mai 1789, un déficit annuel de 120 à 140 millions de francs (1). Le déficit atteint dans les deux cas, et dans le dernier sans considérer la Révolution omise dans l'évaluation du budget, environ 1 5 des dépenses.

Comment maintenant se comporta le budget français pendant les premières années de la Révolution?

Comment furent perçus les impôts indirects et directs? Le 10 juin 1790, le contrôleur général des finances Lambert disait à la séance de la Chambre : « Des troubles incessants, des brigandages, des licences anarchistes mettent des obstacles à la perception des impôts. Ici, on dit au peuple qu'il obtiendra par un continuel refus d'un impôt contraire à ses droits, l'abolition de cet impôt; là, on organise la contrebande avec emploi de la violence et le peuple la protège, les gardes nationaux se refusent à tirer contre la « nation ». Partout on entretient entre les troupes et les surveillants du fisc la querelle et la lutte, ces

---

(1) H. DE SYBEL, *loc. cit.*, Ier tome, Stuttgart, 1897, pp. 46 et 60.

derniers sont frappés. les bureaux sont incendiés et pillés, les prisons emportées d'assaut (1). „

Au milieu de ces troubles révolutionnaires, les impôts indirects disparurent rapidement!

Depuis le 1ᵉʳ mai 1789 jusqu'au 1ᵉʳ mai 1790, les fermiers généraux perçurent 127 millions de francs au lieu de 150. Les monopoles et les impôts des boissons ne donnèrent que 31 millions au lieu de 50; „ l'opposition du peuple, écrit Taine (2), tarit toujours davantage les sources qui auparavant remplissaient le Trésor de l'Etat, jusqu'à ce qu'enfin l'Assemblée nationale, cédant à la pression générale, abolit l'impôt sur le sel, les droits de douane sur les marchandises, les droits sur l'huile, le cuir, l'amidon et le fer. En février et mars de l'année suivante, elle supprime les octrois des villes, les impôts de consommation, notamment les droits sur les boissons. Le 1ᵉʳ mai 1791, jour de la suppression des impôts, on illumina les fenêtres à Paris et l'on passa la nuit à boire. Le vin et la bière ne coûtaient plus que moitié prix : aucune conquête ne pouvait être plus populaire que celle-là, car elle permettait à chacun de boire jusqu'à s'enivrer. „

Les révolutionnaires et socialistes russes demandent depuis longtemps dans leurs feuilles volantes la suppression du monopole de l'alcool et la suppression de tous les impôts indirects et droits de douane (3).

En mars 1790, la Chambre abolit le monopole du sel. Ce monopole était aussi haï en France que le monopole de l'eau-de-vie en Russie (4).

Par la suppression des fermes générales, les droits d'entrée et les impôts de consommation, l'Etat français perdit d'un seul

1. H. TAINE. *Les origines de la France contemporaine*. tome II, 1ᵉʳ partie. p. 335.

2) IDEM. *ibid.*, p. 335.

3 THÉODORE SCHIEMANN. *La politique extérieure de la semaine*. dans le *Kreuzzeitung*, mercredi 22 novembre 1905.

4 H. TAINE, *loc. cit.*, p. 336.

coup 2/5 de son revenu (1). Vraisemblablement l'Etat russe devra sacrifier encore plus.

Les impôts directs ont-ils en France donné une plus-value? Les impôts directs (comme la taille, la capitation, le vingtième) donnèrent du 1er mai 1789 au 1er mai 1790, 21 millions au lieu de 161 (2).

Lorsque la Révolution en France eut remplacé les vieux impôts par des nouveaux, la rentrée des impôts est peut-être devenue plus régulière? Taine nous raconte d'une manière très expressive comment déjà la tentative pour répartir les impôts entraîna pour les conseillers municipaux danger de mort. Sur les trois cent millions d'impôts directs qui avaient été prévus pour 1792, quatre à peine étaient rentrés le 1er février 1793. Et comment finalement paie le paysan?

Il paie en assignats (3).

De même, pendant la Révolution russe, les impôts comme tous les revenus de l'Etat ne rentreront bientôt plus en or, mais seulement en papier-monnaie — dès le jour où l'étalon-or sera ruiné. Les révolutionnaires russes invitent d'ailleurs, depuis 1905, toute la nation à refuser les impôts. De même les grands propriétaires baltiques, puisqu'ils n'obtiennent du Gouvernement aucune protection contre les révolutionnaires, ont résolu de refuser le payement des impôts.

Quelles lourdes responsabilités ont assumées tous ceux qui jusqu'à la fin de novembre 1905 ont affirmé que l'empire russe serait en état d'augmenter ses revenus par des impôts! Espérons que l'aveuglement et la myopie portent la faute principale dans cet envoilement de la situation financière russe et que des causes offrant un danger général n'ont pas agi dans une plus forte mesure pour le dommage de la nation allemande.

Un des plus sûrs connaisseurs de la Russie, le professeur Carl Ballod, a, à l'occasion d'un compte-rendu de mon livre, déclaré expressément que la Russie, avec l'impôt sur la bière et

(1) H. Taine, *loc. cit.*, p. 336.
(2) Idem, *ibid.*, p. 337.
(3) Idem, *ibid.*, p. 342.

le tabac, qui représente trois ou quatre fois ce qu'on paie en Allemagne, était presque au bout de son latin (1). Très élevé (1 1/2 à 1 3/4 de l'impôt allemand) est aussi, d'après Ballod, l'impôt sur le sucre et sur le pétrole et, de même, Ballod s'accorde à dire, avec moi, qu'il est douteux que l'introduction de l'impôt sur le revenu donne plus de 100 millions de marks! L'économiste russe A. A. Radzig évalue son revenu à 40 millions de roubles seulement (82 millions de marks) (2).

Sous l'effet de la Révolution, les revenus ordinaires de l'empire russe tomberont dans quelques années de 4 milliards de marks à la moitié. Les dépenses ne diminueront pas, mais augmenteront. L'armée battue en Extrême-Orient est encore sous les armes et son entretien pourra bien coûter après comme avant environ 80 millions de marks par mois. Croit-on en quelque manière, à la Bourse de Berlin, qui à la fin de février 1906 cotait encore à 83 la Rente russe 4 p. c., qu'une guerre civile ne coûte rien à l'Etat? Qu'a donc coûté aux Etats-Unis leur guerre civile, et à l'empire chinois la révolte de Taï-Ping? Dans les années qui viennent, tout homme capable de porter les armes sera, en Russie, sur le pied de guerre. Et d'une manière générale, l'Etat russe, finalement, payera les frais de ces armements permanents. Le bouleversement des moyens de communication, des chemins de fer, du télégraphe, du téléphone, des ponts, devient presque une habitude. La perte des vaisseaux de guerre n'est pas moins coûteuse, si l'Etat lui-même, comme le 29 novembre 1905 à Sébastopol, les bombarde pour se rendre maître des matelots mutinés. Si de même l'armée impériale a combattu avec succès et reconquis les citadelles perdues à Sébastopol et auparavant à Cronstadt, ces succès militaires ne vont pas aussi sans frais. Actuellement la Russie se trouve encore tout à fait à l'aube de la Révolution; dans les

(1) CARL BALLOD, *Schmollers Jahrbuch für Gesetzgebung Verwaltung und Volkswirtschaft*, 4ᵉ fascicule, 1905, p. 465.

(2) *Journal de Saint-Pétersbourg* du dimanche 27 novembre (10 décembre) 1905, nᵒ 314.

années qui viennent les dépenses de la guerre révolutionnaire seront encore plus sensibles.

Le déficit, dans la première année de la Révolution française, s'est accru, sans aucun doute, d'une manière énorme en comparaison des années précédentes. Seulement il est difficile de l'établir parce que, dans l'intervalle, le système des assignats entre en jeu. Sans le payement en assignats il y aurait eu certainement plus que le double du déficit d'avant la Révolution. Je crains que les perspectives ouvertes au budget russe par les événements de la Révolution, en particulier par la ruine de l'étalon-or et par le travail illimité de la presse à billets, ne soient perdues en quelques années.

Puisque déjà le cours de la Révolution russe jusqu'à ce jour a montré que les révolutionnaires avaient plus d'influence sur les chemins de fer que les pouvoirs de l'Etat, la crainte est donc justifiée que cette entreprise d'Etat, si importante pour le budget russe, ne souffre d'une détresse encore plus grande qu'elle ne l'était jusqu'ici. La grève des chemins de fer, commencée le 22 octobre 1905 à Moscou, s'est maintenue jusqu'à la fin de février 1906, et dans une vaste portion de l'empire russe. A la fin de février 1906 encore, tous les chemins de fer sibériens, tous les chemins de fer du Caucase et une grande partie des autres chemins de fer de Russie se trouvaient, d'après la circulaire officielle de la direction de Bromberg, fermés au trafic. La longue durée de ce trouble de l'exploitation, depuis le 22 octobre 1905, aura forcément une influence désolante sur le budget des chemins de fer.

La longue discussion qui s'est élevée sur le point de savoir si les finances des chemins de fer russes donnent un bénéfice ou non, a été vidée par les rapports, publiés en langue française, du ministre des finances à l'empereur russe 1). D'après ces rapports officiels, le budget des chemins de fer russes, dans la longue période de 1887 à 1901, a donné constamment une perte, à la seule exception de l'année 1896; les frais imposés à

1. Rapport du Ministre des finances à S. M. l'Empereur pour l'exercice 1906, p. 46.

l'Etat par les chemins de fer se sont accrus, en général, d'une manière constante.

En 1900, le déficit atteignait 61.6 millions de roubles; en 1902, il atteignait même 114 millions; en 1904, 92.7 millions de roubles. Il faut signaler, en outre, que le déficit de 1904 serait beaucoup plus haut si le ministre de la guerre n'avait pas payé au ministre des chemins de fer, avec les emprunts étrangers, tous les transports de troupes pendant la guerre.

Pour la satisfaction de posséder des chemins de fer, l'Etat russe a donc dû payer, indépendamment des frais de construction, une somme annuelle qui, dans les dix-huit années de 1887 à 1901, s'est élevée à 758 millions de roubles, c'est-à-dire à 1,637 millions de roubles.

Comme moyenne des cinq dernières années, l'Etat russe a dépensé annuellement pour les chemins de fer 186 millions de marks.

Selon toute prévision, l'Etat russe dépensera dans les dix années qui viennent 2 milliards de marks pour l'exploitation de ses chemins de fer.

Si l'Etat russe donnait tous les chemins de fer lui appartenant à un consortium financier international avec l'obligation de lui payer les intérêts des emprunts de chemins de fer russes, ce consortium financier dépenserait annuellement 186 millions de marks. Pour se soustraire à l'obligation imprudemment assumée d'exploiter les chemins de fer d'Etat russes, le consortium financier international pourrait payer en confiance à l'Etat russe 4 milliards de marks de dédit. L'obligation d'exploiter les chemins de fer et de payer les intérêts des emprunts de chemins de fer coûterait, sans cela, à ce consortium financier, 5.580 millions de marks en trente ans. Même si l'Etat russe se déclarait prêt à payer la moitié de ces intérêts d'emprunt de chemins de fer, qui montèrent en 1901 à 136.1 millions de roubles, c'est-à-dire à 294 millions de marks, le consortium financier en serait encore pour ses frais.

D'après le jugement du professeur Carl Ballod, Witte a nationalisé dans les dernières dizaines d'années précisément les lignes non rentables et fortement endettées, tandis que les lignes rentables sont demeurées à l'entreprise privée. Plus d'un tiers des chemins de fer russes se trouvent encore propriété particulière (1). Les 5,100 kilomètres environ du réseau transsibérien qui se trouvent en possession de l'État pèsent comme un boulet sur le réseau des chemins de fer russes. Par la malheureuse issue de la guerre russo-japonaise, qui a mis en possession des Japonais la plus grande partie des chemins de fer de la Chine orientale, c'est-à-dire des débouchés du système de chemins de fer sibériens, le déficit existant jusqu'à ce jour sur les chemins de fer sibériens pourrait bien devenir permanent.

Indépendamment de la présence de la Révolution, le déficit des chemins de fer est certainement une preuve que se maintiendra le déficit colossal des finances d'État, déficit que nous avons dû reconnaître comme le plus grand de l'histoire financière.

V. — La ruine de l'étalon-or de la Russie.

Le commencement imminent de l'insolvabilité de l'État russe effraiera le monde entier. Mais au milieu de toutes les banqueroutes et les faillites que cet événement amènera avec lui, la chute de l'étalon-or de la Russie aura une place spéciale. Déjà aujourd'hui il ressemble à un splendide château qui serait en flammes.

Les pompiers internationaux réussiront-ils encore une fois à sauver pour quelque temps de l'attaque des barbares cette œuvre de civilisation, fierté d'un despotisme à demi-asiatique? Il est tristement certain que l'étalon-or de la Russie est en train de s'écrouler.

Ce n'est point maintenant le moment de discuter s'il était bon d'élever un édifice aussi gigantesque sur un emplacement aussi peu sûr. C'était une tentative semblable à celle de Pierre-le-Grand, d'accoutumer le peuple russe à la mer par la

(1) CARL BALLOD, Compte-rendu de mon livre dans le *Schmollers Jahrbuch für Gesetzgebung*, 4e fascicule, p. 170.

construction de Pétersbourg. C'était une condition nécessaire de la peu solide politique mondiale que l'autocratie avait rêvée. C'est sur la base de la culture à trois assolements et de ses jachères, sur le dos d'une population de 115 millions de paysans affamés, au milieu des ténèbres de la superstition et de la haine contre toute civilisation, que Serge Witte a élevé cette œuvre de civilisation monstrueuse. De même que Pierre-le-Grand, par un joug de fer, réunit des centaines de milliers d'hommes pour bâtir sa capitale, de même la brillante construction de l'étalon-or de la Russie fut bâtie de tout le bien-être matériel de 100 millions de paysans russes. Aussi longtemps que toute l'attention des finances russes eut pour objet *d'amasser et de retenir des trésors d'or dans la Banque de l'Empire, on ne put dépenser un rouble pour une amélioration de l'instruction populaire ou de l'agriculture. L'institution* de l'étalon-or, de 1896 à 1899, et son maintien, réclamèrent les *forces* financières de l'Etat russe dans une si large mesure que rien ne resta pour des œuvres de civilisation. Ce fut la mobilisation financière d'une politique mondiale qui se trouvait aller contre *les lois du progrès, contre les lois de* ce monde, et qui par suite se trouvait dès l'abord condamnée à périr.

L'étranger prête peu volontiers de fortes sommes à un Etat où la circulation s'effectue au moyen du papier-monnaie, même si cet Etat prend l'engagement de payer en or. Tant que la Russie en resta à ce point, elle dut faire de gros sacrifices pour se procurer l'or destiné à solder ses emprunts-or. Witte avait compris que la substitution de l'étalon-or à l'étalon-papier signifierait une extension du crédit russe, et que l'or se procurerait à meilleur marché. *L'étalon-or russe et le trésor en or russe sont une traite illimitée tirée sur l'étranger.*

Si l'on en considère la valeur absolue, le stock en or de la Banque impériale russe (effets et actif compris) s'élevait, en 1903, à 8.37 millions de roubles, soit 1,736 millions de marks, et n'était dépassé que par celui de la Banque de France, montant à un peu plus de 2 milliards de marks. Par contre, il était le double de celui de la Banque d'Angleterre (703 millions de marks) et de la Banque de l'Empire allemand

(650 millions de marks) (1). En outre, le trésor impérial russe contenait environ 550 millions de marks-or et la circulation était abondamment pourvue de monnaie-or. Au total, il se trouvait dans l'empire russe près de 4 milliards de marks or brut et monnayé.

Je paie tout or comptant, disait l'Etat russe. Nous payons tout or comptant, disaient les habitants de l'empire russe. L'Etat renvoyait à son encaisse-or de la Banque impériale les rentiers, et les particuliers à l'or en circulation et à celui qui se trouvait à la Banque impériale. Peut-être prononce-t-on encore les mêmes phrases, mais leurs meilleurs amis, à Berlin et à Paris, ne leur accordent plus de confiance. Les conditions que le consortium russe de Berlin impose à l'Etat russe pour la nouvelle émission de bons du Trésor, effectuée en vertu de la loi du 9 décembre 1905 et en remplacement de celle de mai 1905, sont tellement en dehors des habitudes, qu'elles trahissent une profonde défiance à l'égard du maintien de l'étalon-or en Russie.

C'est avec raison que le conseiller de légation Karl Helfferich, dans son ouvrage paru encore en novembre 1905, et traitant dans un chapitre particulier de la guerre et du cours du rouble, relève avec éloges la stabilité de l'étalon-or russe, même au cours des vicissitudes de la guerre. Durant tout ce temps, le cours ne se montra jamais inférieur à une parité de 216 marks pour 100 roubles à la Bourse de Berlin (2). En septembre 1905, le cours le plus élevé atteint même 216 marks 70. Bien qu'en décembre 1905 la Banque impériale russe payât encore ses billets sans difficultés, ils n'en tombèrent pas moins, le 7 décembre de la même année, pour la première fois à cette Bourse, au-dessous de ce niveau que leur avait garanti l'étalon-or. Depuis, en décembre 1905, en janvier et en février 1906, ils furent cotés au-dessous de 216. Ordinairement, 100 roubles de billets russes étaient cotés de 213 à 214 1,2 marks. Mais dès qu'il s'agit de termes éloignés, la différence est plus

1. KARL HELFFERICH, *Das Geld im Russich-Japanischen Krieg* p. 22.

2. IDEM, *ibid.*, p. 180.

grande. En janvier 1906, les payements au terme de juin ne valaient plus pour Pétersbourg que 206 et 207 marks pour 100 roubles. La raison de cette baisse est que l'on se défiait du maintien de l'étalon-or.

L'étalon-or, en Russie, est menacé par beaucoup de dangers d'un caractère plus ou moins actuel. Ce n'est pas sans succès que les comités révolutionnaires ont organisé dans ces quatre premiers mois le retrait des fonds dans les caisses d'épargne, à la Banque impériale et dans ses succursales. Leur but était de dépouiller l'État russe de son or et de détruire son crédit. On ne peut refuser au Gouvernement d'avoir résisté victorieusement à ce premier assaut du public. Mais pourra-t-il encore à l'avenir arrêter la défiance de la population par des payements au comptant? La Révolution affaiblit la force de l'État par sa durée.

Les troubles apportés à la vie économique par la Révolution diminuent l'exportation des marchandises. Mais même si le mouvement n'avait pas éclaté, la situation économique de la Russie aurait été menacée du danger que l'excès de l'exportation des marchandises (sans métaux précieux) sur l'importation n'arrive plus, au bout d'un certain temps, à payer l'obligation en or croissante contractée vis-à-vis de l'étranger.

C'est avec raison que Paul Rohrbach a fait remarquer que l'exportation de céréales et d'autres produits agricoles devait diminuer dans la mesure où la population augmentait et que la sous-nutrition du peuple russe diminuait. Tous ceux qui connaissent l'état économique de la Russie sont unanimes à constater que le paysan russe et sa famille n'ont pas à manger à leur faim. La récolte totale de la Russie, même dans les meilleures années, ne suffit pas à nourrir la nation.

Ce seul fait donnait aux gens avertis la raison commune de la ruine de l'étalon-or, du commencement de la banqueroute, et de la venue de la Révolution.

Si, par miracle, il était possible de rendre la population agricole russe plus apte au travail, plus intelligente, elle devrait se mieux nourrir et le blé et les autres produits agricoles ne pourraient plus être exportés. Comme l'intensification de la production ne peut augmenter que très lentement, tout surplus de produits amenés par elle devra être employé à une meilleure alimentation. D'ailleurs la Russie ne pourra pas davantage exporter d'autres marchandises que les produits agricoles. Il est donc tout à fait impossible, même en ne tenant pas compte de la Révolution, que, dans les dizaines d'années qui vont suivre, l'exportation russe augmente d'une façon appréciable. En tout cas, l'excès de l'exportation sur l'importation ne peut croître. Comment alors payer à l'étranger la dette-or croissante? L'or sortira peu à peu. La ruine de l'étalon-or est assurée. La banqueroute est inévitable. Le gouvernement absolutiste aurait peut-être cherché à empêcher cette catastrophe par l'augmentation des charges fiscales. Mais alors la Révolution était inévitable.

Si le paysan a de l'argent, tout le monde en a. Cette proposition s'applique parfaitement aux États agricoles comme l'étaient la Russie et la France avant la Révolution où quatre cinquièmes de la population vivent de l'agriculture. Si le paysan russe était actif, éduqué et bien nourri, le ministre des finances russe aurait raison de traiter de radotage mon livre *L'Avenir de la Russie et du Japon*. Si la Russie obtenait un rendement triple de ses terres, elle pourrait se livrer à une exportation considérable des produits agricoles les plus divers, elle posséderait une industrie ayant des débouchés énormes à l'intérieur, elle aurait ainsi une classe ouvrière active. S'il en était ainsi, l'étalon-or ne serait pas menacé de la ruine, l'État de la banqueroute, et un gouvernement à peu près aussi intelligent que l'est le paysan rendrait la Révolution impossible.

Après que l'étalon-or aura disparu et que l'État aura supprimé ses payements, il se trouvera probablement dans des années, dans des siècles, des historiens qui trouveront que ces deux faits avaient pour cause la guerre et la Révolution. Afin de combattre à l'avance cette erreur, j'ai indiqué dans le quatrième chapitre les raisons de la catastrophe.

VI. — La banqueroute, ressource suprême de l'État russe.

Étant donnée la situation désespérée des finances russes, la menace de la banqueroute, qu'il n'est même pas utile de proférer ouvertement, est un moyen puissant d'arracher d'autres milliards encore aux pays dans lesquels la Rente russe a été surtout écoulée. Mais même les taux les plus élevés, les chiffres d'émission les plus bas et les termes de remboursement les plus courts ne seront plus suffisants pour rendre tributaires, d'ici longtemps, la France et l'Allemagne, dont l'état économique est florissant. De plus en plus, Français et Allemands reconnaîtront qu'ils n'ont été que trop les abeilles laborieuses travaillant pour les frelons russes.

Au moment où l'Etat russe ne verra plus rentrer dans ses coffres les milliards de l'étranger, où son pouvoir à l'intérieur contre la Révolution, ou à l'extérieur, commencera à en souffrir, le temps sera venu de proclamer l'annulation des emprunts étrangers.

Il y a douze ans déjà, un des plus grands économistes allemands enseignait du haut de sa chaire, à ses élèves, que l'Etat russe se créait, par ses grands emprunts conclus avec l'étranger, un pouvoir considérable à l'égard des autres Etats. L'argent, disait-il, passe en Russie et renforce ainsi la puissance de l'Etat russe, tandis que les créanciers étrangers n'obtiennent en échange que du papier qui n'a de valeur qu'aussi longtemps qu'il plaira à la Russie. Cet économiste était le plus prudent, le plus averti des maîtres de sa science, un homme qui ne considérait l'histoire du monde que d'un point de vue purement objectif, qui jamais, dans son enseignement, ne s'était abandonné à l'exagération. C'était Guillaume Roscher, le fondateur de l'école historique en économie politique.

Exposant dans son système financier la différence politique qu'il y a entre l'impôt et l'emprunt, il voit dans l'emprunt le moyen de renforcer à coup sûr la puissance actuelle du Gouvernement.

Dans les emprunts étrangers, écrit Guillaume Roscher (1), en 1894, *la chose apparaît parce qu'alors tout le capital intérieur de la nation demeure une réserve intacte. Un*

---

(1) WILHELM ROSCHER, *System der Finanzwissenschaft*, IVe Auflage, Stuttgart, 1894, p. 582.

Etat comme la Russie, dont les créanciers sont pour la plus grande partie des étrangers, trouverait dans une banqueroute provoquée par une guerre un moyen de domination d'une efficacité double à un moment donné, mais qui à la longue présenterait du danger.

Cette double vertu qu'a la banqueroute consiste en effet en ceci : la puissance économique de l'étranger s'en trouve affaiblie, celle de la Russie, au contraire, se trouve accrue de tout le montant des capitaux qui lui ont été prêtés par l'étranger.

Dès que l'existence d'une nation est en jeu, seuls subsistent les points de vue stratégiques et tactiques. Il ne s'est pas encore trouvé de religion, la meilleure même, pour jouir d'une influence telle qu'elle lui permit, en des heures semblables, de détourner de la guerre un Etat en lui rappelant le commandement : « Tu ne tueras pas. »

« La banqueroute d'Etat, dit Roscher, est sur le terrain financier ce que la révolution est dans la sphère politique. C'est une mesure dont le peuple souffre cruellement, c'est un désastre économique, un coup qui le frappe dans son âme; mais, dans les circonstances désespérées, c'est parfois le moindre mal, la voie du salut. Un doctrinarisme qui préférerait la mort de l'Etat à sa banqueroute ne peut être pris au sérieux (1). »

Est-que l'Etat décomposé qu'est l'empire russe, et dont on a admiré les ressources jusqu'en ces derniers temps, possède un moyen comparable à la banqueroute et qui lui assure de pareils avantages? Tant que l'autocratie du Tsar subsista, l'armée russe, de quatre millions d'hommes sur le pied de guerre, fut aux yeux du monde une puissance formidable, même quand elle eut essuyé défaites sur défaites. Mais après que le Tsar eut capitulé devant la Révolution et renoncé à son autocratie, après que les troupes les plus diverses se furent révoltées dans différentes parties de son empire, la faiblesse de l'armée russe éclata à tous les yeux. L'Etat russe, quel que soit d'ailleurs son chef, ne pourra obtenir, grâce à son armée, aucun avantage ni à l'Est, ni à l'Ouest. Elle n'est pas telle que l'Allemagne ou le

____

1 WILHELM ROSCHER, *loc. cit.*, p. 611.

Japon puissent en prendre ombrage. Le seul moyen, le dernier moyen qu'ait l'Etat russe de se maintenir, est la banqueroute.

Celle-ci atteindra surtout la France, qui a absorbé plus de 10 milliards de francs de papiers d'Etat russes. La perte de cette somme pèsera lourdement sur la France. D'après les calculs des meilleurs économistes français, la fortune totale de la nation française ne s'élève qu'à 201 milliards de francs, dont 100 milliards consistent en propriétés foncières. Dans ces 101 milliards de capital mobilier, on relève 30 milliards de Rente française et 10 milliards de Rente russe. Si l'Etat russe faisait banqueroute complète, la France perdrait donc près du dixième de sa fortune mobilière, les biens fonciers exceptés.

On s'accorde unanimement à estimer la fortune de l'Allemagne à un chiffre beaucoup plus élevé. Mais la nation allemande compte 60 millions de têtes et la nation française 39 millions seulement. J'estime les ressources de l'Allemagne à 215 milliards de marks. 100 milliards de marks environ reviennent à la propriété foncière. Si des 115 milliards, 2 1 2 milliards de marks, représentés par des papiers russes, disparaissent d'un seul coup, on se ressentira fortement de la perte.

De plus, il y aurait un grand avantage pour le gouvernement russe à voir la fortune nationale, qui ne peut être évaluée à plus de 100 milliards de marks, s'augmenter d'une valeur de 12 milliards de marks que la Russie n'avait en main jusqu'à présent qu'à titre de prêt. Des 783 millions de marks que l'Etat russe débourse annuellement à titre d'intérêts, 575 millions passent à l'étranger. Si l'on cessait de servir ces intérêts à l'étranger, le bilan russe se trouverait fort amélioré, et en évitant de payer les 783 millions que l'on doit servir annuellement, le budget russe prendrait une apparence beaucoup plus satisfaisante que celle du projet pour 1906. Il est seulement à craindre que dans la tourmente révolutionnaire, un assainissement de la Rente d'Etat soit moins importante qu'un assainissement du papier-monnaie qui s'imposera probablement après une série d'années.

La part de l'Allemagne dans la banqueroute russe eût été plus considérable encore si la Russie avait réussi à conclure, immédiatement à la paix de Portsmouth, le 30 août 1905, un nouvel emprunt à l'étranger dont un tiers réservé à l'Allemagne.

Cet emprunt devait à l'origine s'élever à 2 milliards de francs, puis à 1,800 millions. Dans la troisième semaine d'octobre 1905, un accord s'établit entre les groupes financiers intéressés et le gouvernement russe. On était convenu de ceci : l'emprunt de 1,250 millions de francs serait à 4 p. c.; la France devait en prendre 640 millions, l'Allemagne 410 millions, l'Angleterre ainsi que les Etats-Unis 100 millions (1). Mais il était déjà trop tard. On avait laissé passer l'occasion favorable, la roue de la Révolution tournait trop vite, les cours de la rente russe fléchirent.

A l'apparition de mon livre, le 22 août 1905, le cours de la rente russe de l'emprunt de 1902 à 4 p. c. était de 88 marks 90. La conclusion de la paix favorable à la Russie le fit remonter à 93.20 le 31 août, mais en octobre il oscillait entre 87 et 88. A chaque baisse de nombreux journaux, favorables aux finances russes, portèrent des accusations qui me visaient; on proclamait que les affirmations erronées d'un économiste et statisticien incompétent, réunies en un livre fantastique, étaient responsables de la défiance que le public manifestait à l'égard des valeurs russes. Le nombre énorme d'articles de journaux consacrés à mon ouvrage, publiés en septembre et en octobre, les nombreuses lettres et demandes de renseignements me prouvent qu'en fait, je porte en grande partie la responsabilité de ce que l'empire allemand n'a pas, après la paix de Portsmouth, prêté de nouveau un demi-milliard à l'Etat russe au cours de 88 p. c. La défiance que mon livre excita dans toutes les couches de la population eut pour effet de faire remettre l'emprunt de semaine en semaine, de mois en mois. Le 9 septembre, le ministre des finances russe Kokowtzeff déclara ce qui suit aux représentants du *Pester Lloyd* et du *Wiener Tageblatt*, qui lui avaient envoyé quelques extraits des journaux allemands traitant de mon livre.

---

(1) KARL HELFFERICK, *Das geld in Russische-Japanischen Kriege*, Berlin, 1906, p. 118.

« Je ne me bornerai pas à réfuter les assertions de **M. Martin**, je saisirai au contraire l'occasion, à la fin de l'année, de faire la clarté, dans un rapport au Tsar et publiquement à la Douma, sur le tort fait au crédit russe systématiquement et depuis longtemps par notre presse radicale et par une partie de la presse étrangère. »

Comme nous l'avons déjà vu dans la préface, la *Norddeutsche allgemeine Zeitung* a établi, dans un article de tête du numéro du 3 septembre 1905, que mon livre avait causé un certain émoi dans les sphères capitalistes allemandes intéressées dans les valeurs russes. La *Post* déclarait également, le 12 septembre, que mon livre avait causé des ventes importantes. Cette affirmation se rencontre également dans beaucoup de journaux ayant des attaches avec la Bourse.

Aussi ne puis-je m'empêcher de faire l'aveu que j'ai invité de nombreux capitalistes allemands à vendre d'août à novembre les papiers russes, cotant alors de 88 à 93. Le 16 décembre 1905, la rente russe, émission de 1902, était déjà à 78. Les valeurs de chemins de fer et les valeurs industrielles russes sont tombées également. Je pense avoir rendu service en épargnant à des milliers d'Allemands des pertes sur les rentes et autres papiers russes, en les leur faisant vendre à des cours de 10 p. c. supérieurs à ceux de décembre 1905. Grâce à mon livre, plus de 100 millions de marks ont été vendus à des prix beaucoup plus élevés qu'à l'étranger. J'estime avoir obtenu un résultat plus grand encore en aidant à empêcher le nouvel emprunt russe, qui devait comporter d'abord 600 millions, puis 400 millions.

Je ne regretterai pas davantage mon livre s'il était établi plus tard que, grâce à cette abstention de l'étranger, la banqueroute russe se produisait une ou plusieurs années plus tôt. La suspension du payement des intérêts était inévitable. Aucun capital allemand ne doit être prêté à la Russie pour retarder sa banqueroute. Si la France et les États-Unis sont disposés à puiser largement encore dans leurs poches, nous ne ferons que nous réjouir du désintéressement de ces deux États et nous reconnaitrons le caractère vraiment philanthropique de leur acte.

La réunion du parlement russe n'empêchera pas la suspension du payement des intérêts. Il la hâtera plutôt. C'est avec raison que le professeur Hans Delbrück, en rendant compte de mon livre dans les *Preussische Jahrbücher*, a fait remarquer que la première œuvre de la Douma serait vraisemblablement de réduire les taux d'intérêt.

L'assemblée reconnaîtra que l'abaissement ou la suppression des intérêts est le seul moyen de recueillir les ressources nécessaires aux réformes. Où l'État russe pourrait-il prendre l'argent indispensable pour réorganiser l'instruction populaire, complètement négligée jusqu'à présent, et élever le niveau de l'agriculture? Si la Révolution ne s'était pas produite, la suspension complète du payement des intérêts, la banqueroute, aurait été le moyen de relever l'état économique de la Russie pendant 30 ou 50 ans. Mais étant donnés les formidables troubles que cette Révolution produit, l'avantage de la suspension du payement des intérêts disparaît devant la grandeur des pertes. La Révolution amènera cette suspension à bref délai. Mais dans son égarement asiatique, destructeur, elle ne reconnaîtra pas la vertu salutaire de la banqueroute et s'abandonnera à l'esprit de destruction jusqu'à ce qu'il ne reste pour ainsi dire rien de la civilisation qui avait exigé des milliers d'années pour s'instituer dans l'Europe orientale.

VII. — Necker et Witte.

Le ministre des finances de Louis XIV d'avant la Révolution, Jacques Necker (né en 1732), et le ministre des finances de Nicolas II d'avant la Révolution, Serge Witte (né en 1849), sont tous deux d'origine allemande. Necker était le fils d'un professeur de Genève, Witte le fils d'un fonctionnaire, membre du conseil du vice-roi du Caucase à Tiflis. Necker arrive à Paris tout jeune et sans ressources. Mais il y réussit bientôt, grâce à sa grande application, à sa sobriété, à sa moralité, mais aussi grâce à une habileté raffinée et à l'ambition ardente d'arriver à posséder une grande fortune. Chef de la maison Thellusson et Necker, il a joué un grand rôle dans le monde de la finance. Chaque fois qu'un homme habile acquiert en peu de temps une

fortune considérable, le monde n'est que trop porté à lui attri-
buer des manœuvres de Bourse qui ne cadrent pas avec la
morale traditionnelle. Il en fut ainsi pour Necker. Mais aucune
preuve n'a été fournie.

Serge Witte est lui aussi un self-made-man. Il débuta comme
employé des chemins de fer et finit par obtenir le poste de
directeur général de la Compagnie des chemins de fer du Sud-
Ouest.

Necker comme Witte ont d'abord attiré l'attention publique
dans leur pays d'origine par des travaux économiques. Necker
composa deux ouvrages, le premier sur Colbert (1773), l'autre
sur le commerce des blés (1775). Witte écrivit sur les bases
d'un tarif général des chemins de fer. Les travaux des deux
ministres sont des œuvres utiles, mais non fondamentales,
elles ne font pas époque, elles ne sont pas non plus de celles
qui attirent sur leur auteur l'attention de toute une nation. Ni
l'un ni l'autre n'avaient fait des études économiques suivies. Le
livre de Witte était une œuvre technique. Les œuvres de Necker,
faites à un point de vue général, abondent en phrases vides.

Necker comme Witte sont des protectionnistes. Witte se
ralliait ainsi à la tendance que suivait l'opinion publique. Pour
la France d'avant la Révolution, le protectionnisme n'avait pas
la même importance que pour la Russie d'avant la Révolution.
Tous les succès remportés par la Russie sur le terrain économique pendant ces vingt-cinq dernières années ont leur source
avant tout dans le système protectionniste. Quand Necker, en
juin 1777, prit en mains les finances françaises avec le titre de
directeur général, l'opinion publique et surtout la haute finance
se montrèrent ravies du choix du monarque. On saluait en lui
le banquier, le Genevois originaire de la ville qui depuis Rous-
seau passait pour la véritable patrie de la liberté. Necker avait
en outre exprimé prudemment, mais d'une façon suffisamment
claire, son admiration pour les institutions anglaises. Quand
Witte devint, en 1893, le ministre des finances de Russie, tout le
ministère prit une apparence démocratique. Les fonctionnaires
troquèrent l'uniforme contre la redingote; au lieu de commu-
niquer entre eux par écrit, ils le firent verbalement. Dès le
début, Witte eut la pleine confiance de la haute finance.

Necker comme Witte devinrent bientôt les personnages les plus influents de leurs ministères. Hommes prudents, ils tinrent compte des circonstances actuelles et évitèrent une lutte inutile avec leurs collègues réactionnaires. Mais tous deux firent bientôt sentir leur influence dans la sphère de la politique étrangère et dans les départements de la guerre et de la marine. C'étaient des hommes qui voyaient au loin, mais leurs idées étaient cependant encore trop étroites, ils étaient trop impuissants pour répondre aux graves nécessités du moment. L'ensemble de leurs relations personnelles les rattachait de la façon la plus étroite aux aspirations progressistes du tiers état, des bourgeois et des industriels enrichis.

Tous deux s'entendaient parfaitement à comprendre le mouvement de leur époque, mais ils étaient incapables de le maîtriser. Tous deux étaient des artistes en matière financière. Comme chefs du département des finances, ils voyaient dans l'apparence prospère de celles-ci, la prospérité de l'État et du pays.

Ces deux hommes d'État se ressemblent encore en ceci qu'ils sont pleins, mêmes aux époques les plus redoutables, d'un optimisme absolu, d'une imperturbable confiance en eux-mêmes et d'une suffisance d'un genre spécial. « En mai 1789, disait Necker, il était d'une facilité enfantine de remettre en ordre les finances de l'État. » Necker était alors ministre des finances, mais il négligea d'accomplir cette œuvre enfantine.

« Je sais comment sauver la Russie, et je la sauverai, » disait Serge Witte, en janvier 1906, à une députation du parti des conservateurs libres. Witte était à cette époque ministre président, mais il négligea de sauver la Russie.

Ce serait aller trop loin que de refuser aux deux hommes d'État la volonté nette d'introduire des réformes économiques et sociales, mais leur activité réformatrice n'était que superficielle, et ne touchait jamais au fond des choses économiques, dont ils étaient incapables de reconnaître le vice propre. Il leur manquait à tous deux une compréhension profonde de l'agriculture et en particulier de la population paysanne. Tous deux étaient par origine étrangers à la question agricole.

Necker était un véritable partisan des réformes, son cœur

était porté vers le peuple et il comprenait la nécessité de
remédier à la misère matérielle. Mais cette tendance avait
chez lui des limites : elle ne devait jamais aller jusqu'à risquer
de lui faire perdre son ministère. Sa devise était : réformes
prudentes. Necker modifia l'organisation de l'administration et
entreprit une amélioration des impôts. Il libéra certaines indus-
tries de leurs entraves. Il s'attaqua à l'ancienne Constitution
fondée par la propriété des seigneurs fonciers. Il chercha même
à améliorer la situation de la population paysanne. On peut se
rendre compte par les assemblées provinciales créées par lui de
la grandeur de son influence dans toutes les sphères de l'administration publique et en matière de réformes. En deux provinces, en 1878 et 1879, se tinrent des assemblées provinciales
assez semblables aux zemstvos russes.

Witte lui aussi est l'homme des réformes prudentes. Il n'est
pas exact de dire, comme on l'a fait si souvent, qu'il n'a rien
fait pour les paysans. Comme ministre des finances, il a accordé
un crédit pour l'amélioration technique de l'agriculture. Mais
ce crédit était fort modeste. Il s'est appliqué particulièrement à
faciliter l'exportation des produits agricoles. Par la Banque de
la Noblesse, par la Banque des Paysans, par les secours qu'il a
fait accorder par l'État aux régions frappées par la famine,
Witte a fait sentir son influence bienfaisante parmi les
paysans.

Mais ce n'est pas par leurs réformes que Necker et Witte ont
acquis leur renommée. *Leurs réformes sont chétives. Elles
n'ont pas la moindre importance, étant donné la gravité
du danger où la communauté se trouvait.*

Necker et Witte sont devenus des figures historiques parce
qu'ils avaient le génie de l'emprunt. Et il en est ainsi de tous
les ministres des finances des États qui courent à une grande
révolution. Comment Necker a-t-il ruiné les finances françaises?
Suivant le professeur Adalbert Wahl, ce fut un tour de force
de la part de Necker de mener la guerre extrêmement onéreuse
engagée par l'Amérique et la France alliées contre l'Angleterre
(1778 à 1783) sans augmenter les recettes ordinaires par une
élévation des impôts, mais grâce simplement aux emprunts :
« La chose, dit Adalbert Wahl, excita alors l'admiration de

toute l'Europe. mais elle n'en a pas moins créé l'état financier qui donnait à la Révolution l'occasion de se produire. »

Necker quitta le pouvoir pour la première fois en 1781, deux ans avant la fin de la guerre. Les frais occasionnés par cette guerre onéreuse s'élevaient pour la France à 1.600 millions de francs.

Avant que n'éclatât la guerre russo-japonaise, Witte abandonnait son poste de ministre des finances et prenait la présidence du comité des ministres. Les frais de la guerre avec le Japon (16 février 1904-30 août 1905) ont été faits par la Russie uniquement à l'aide d'emprunts.

Pendant les deux années 1904 et 1905, la guerre avec le Japon a coûté à la Russie 1.966 millions de roubles, soit 4.247 millions de marks ou 5,309 millions de francs. Comme presque toute l'armée russe tient encore campagne et que les frais résultant de l'entretien des prisonniers russes par le Japon sont encore à payer, le projet de budget pour 1906 contient, outre les dépenses extraordinaires, un compte s'élevant à 405 millions de roubles, soit 1,080 millions de francs, affecté à la guerre. Au total, la guerre contre le Japon coûtera à l'Etat russe à peu près 6.389 millions de francs, soit le quadruple de la guerre ruineuse qu'a eu à soutenir la France contre l'Angleterre. La guerre franco-allemande de 1870-1871 a coûté à la France, y compris l'indemnité de guerre de 5 milliards, 10 milliards en chiffres ronds.

La France était sortie de sa guerre avec l'Angleterre comme victorieuse en fait, puisque le traité de Versailles de 1783 reconnaissait l'indépendance des Etats-Unis. Mais une guerre à l'Angleterre est toujours onéreuse. La Russie, elle aussi, en a fait l'expérience quand elle s'est attaquée au Japon, allié de l'Angleterre. Avec l'éloignement, les frais grandissent. A la longue les dépenses énormes provoquées par cette guerre contribueront essentiellement non seulement à la ruine des finances, mais à la ruine de l'Etat russe. Elles forment une condition essentielle de la Révolution qui bouleverse le monde russe.

Déjà, avant les guerres, la France et la Russie étaient fort endettées et la tâche de Necker et de Witte était très ardue dès l'origine. A plusieurs reprises, sous Louis XIII (1610-1643), sous Louis XIV (1643-1715) et sous Louis XV (1715-1774), les dettes de l'Etat français s'étaient vues considérablement allégées par la simple banqueroute. La dernière fois, sous Louis XV, en 1770, on avait diminué de la moitié la plus grande partie de la rente par la fameuse banqueroute Terray. Entre 1776 et 1781, sous Louis XVI (1774 à 1792), la dette française avait monté à 1,950 millions de livres, soit environ 1 milliard 500 millions de marks. Elle s'élevait, quand éclata la Révolution, à 4,368 millions de livres ou francs. La dette russe, elle aussi, malgré toutes les conversions tendant à abaisser le taux de l'intérêt, n'a cessé de croître dans ces seize dernières années.

Lequel des deux pays avait la dette la plus grande à la veille de la Révolution? Nous avons déjà répondu plus haut à cette question en disant que la Russie était le plus grand débiteur que jamais on ait vu. Tandis que les trois quarts environ de la dette russe ont été pris à l'étranger, la dette française avait été contractée seulement à l'intérieur du pays. Si la France avait été bien administrée, si elle avait possédé un bon système d'impôts, il ne lui aurait été nullement nécessaire de contracter des obligations de cette importance. L'argent était abondant en France. Seulement, dans les déplorables conditions politiques et sociales où elle se trouvait, on ne voyait qu'une issue, l'emprunt. Les banqueroutes n'étaient donc jusqu'à un certain point que des quittances d'impôts données au créancier.

Ce système incommode devait disparaître à l'arrivée de Necker au ministère des finances, pensaient les capitalistes français. Sous Necker, une banqueroute est impossible, telle était l'opinion qui s'était d'une façon générale implantée dans la bourgeoisie riche. La confiance que les capitalistes français témoignaient à Necker rappelle la confiance illimitée que les capitalistes russes et étrangers ont dans Witte. Mais Witte a aussi beaucoup fait pour répondre aux désirs de la haute finance.

Si l'on excepte quelques tentatives auxquelles on n'a pas donné suite, l'établissement d'un budget en France, jusqu'en 1781, était considéré comme un acte purement privé de l'administration des finances; c'était le plus important des secrets d'Etat. On s'efforçait de cacher le chiffre des dépenses et surtout des recettes, et les secrétaires d'Etat eux-mêmes ne connaissaient pas l'état exact des finances.

C'est alors qu'à la stupéfaction générale, en janvier 1781, le ministre des finances Necker publia un « compte-rendu » des finances françaises. Le succès de ce rapport fut prodigieux.

D'un seul coup, le nom de Necker se trouvait sur toutes les bouches et Necker devenait le plus célèbre homme d'Etat de l'univers. On lisait dans ce compte-rendu qu'alors que dix ans auparavant, dans une période de paix, le pays était acculé à la banqueroute, l'état des finances, au cours d'une guerre ruineuse, s'était si bien amélioré que les recettes donnaient un excès sur les dépenses. Necker, libéral, voulait, par la publication du budget, transporter en France les institutions anglaises. Ambitieux, il désirait par ce rapport se concilier la masse des gens instruits et présenter au monde son administration sous l'aspect le plus brillant. Peut-être a-t-il obtenu l'autorisation du roi Louis XVI en lui faisant ressortir les avantages précieux qu'aurait cette publication au point de vue extérieur. Il fallait montrer à tout l'univers et surtout à l'Angleterre, avec laquelle on était encore en guerre, que les finances françaises étaient dans un état aussi satisfaisant que possible.

De l'opinion de tous, la France, en publiant ainsi pour la première fois son budget, faisait un pas considérable dans la voie des réformes libérales, vers l'Etat constitutionnel. Soupçonnait-on où cette voie conduisait en réalité? Elle menait droit à l'abîme de la révolution, à la guerre de tous contre tous. Et pourquoi? Parce que ce compte-rendu était bien le plus grand tissu de faussetés et de tromperies qui ait jamais été couché sur le papier, parce qu'on n'empêche pas une banqueroute en commettant le crime de la dissimuler. Par ce « compte-rendu », dit le professeur Adalbert Wahl, Necker a contribué d'une façon inconcevable à l'explosion du mouvement révolutionnaire de 1787. Plus la masse des gens instruits avait été au début convaincue de l'exactitude du « compte-rendu », plus la désillusion eut des effets déplorables quand les successeurs de Necker ne purent en soutenir la fausseté.

Ce « compte-rendu » falsifié a d'ailleurs été la cause de la retraite de Necker. Le vieux ministre, comte de Maurepas, ne craignait pas de s'égayer ouvertement de ce faux imaginé de toutes pièces et protégeait les auteurs de diverses brochures qui s'efforçaient d'en établir la fausseté. Pour se mettre à couvert, Necker demanda au Roi un témoignage écrit de sa confiance, mais, sur les instances de Maurepas, le Roi n'accorda rien. Necker partit donc. Son départ provoqua un deuil et une consternation générale. Il resta l'idole de l'opinion publique, qui, dans les dernières années de l'absolutisme français, était aussi puissante que dans les dernières années de l'absolutisme russe.

A son départ, Necker put écrire une lettre insolente à Louis XVI que celui-ci ne lui pardonna jamais, mais qui n'empêcha pas le Roi de le rappeler deux fois encore à la tête du ministère des finances.

En Russie, la publicité du budget, embryonnaire à l'origine, a lieu depuis la moitié du dernier siècle. Le grand moyen d'attraction grâce auquel le ministre Witte a fait affluer dans des proportions élevées le capital étranger pour les besoins de l'État et de l'industrie du pays, est l'étalon-or.

Sous Necker, dans la mesure où il s'agit de son passage aux finances, comme sous Witte, les caisses publiques étaient toujours pleines. Les emprunts étaient toujours conclus au moment convenable. La bourse bien garnie renforçait le crédit. Le successeur de Necker, le ministre des finances Joly de Fleury, avait avoué, le 2 mars 1783, la grandeur du déficit annuel au roi Louis XVI. Cette franchise lui fit perdre la confiance du monarque et il dut se retirer. Son successeur avait emprunté à la « Caisse d'Escompte », une création de Turgot, 6 millions. Le bruit en courut et comme il coïncidait avec une crise financière qui sévissait à Paris, beaucoup de possesseurs de billets, très bien accueillis, s'empressèrent d'en réclamer à cette institution le remboursement. Avec l'autorisation du Gouvernement, la Caisse suspendit pendant un certain temps le payement de ses billets. Dans des conjonctures aussi difficiles, les ministres des finances durent peu. De même que Chipov est le troisième ministre depuis Witte, Calonne (depuis le 3 novembre 1783) était le troisième ministre depuis Necker. A son entrée en charge, le déficit annuel s'élevait à 80 millions de francs, comme il l'avoua devant l'Assemblée des Notables.

Mais sous Calonne, il se fit qu'en décembre 1785 le Parlement fit entendre de vives remontrances contre un nouvel emprunt de 80 millions de francs. De même que sous l'influence de Witte les enquêtes sur la question agraire se succèdent, de même Calonne constitua, en 1785, une commission chargée d'étudier les conditions de l'agriculture. De même que Witte a, à plusieurs reprises, fait la remise des impôts à des régions frappées par la famine, de même que Witte a en novembre 1905 fait réduire de la moitié, par un oukase impérial, les taxes payées par les paysans pour leur libération, de même Calonne, dans le cruel hiver de 1783-1784, fait remise de trois millions aux provinces les plus atteintes et ordonne une distribution de 4 millions de secours.

De même que Witte, en 1898, institua un département spécial pour la marine marchande et prit la direction des ports marchands, dans le but constant de développer le commerce extérieur de la Russie, de même Calonne fit faire des améliorations aux ports de Cherbourg, du Havre, de Dieppe, de La Rochelle et de Dunkerque, compléta le réseau des routes et des canaux, créa un service régulier entre la France et les Etats-Unis. Il chercha en somme à servir les intérêts du commerce et des communications. Calonne et le ministre des affaires étrangères Vergennes attachaient une aussi grande importance à la conclusion des traités de commerce que Witte et le ministre des affaires étrangères, le comte Lamsdorff.

Qui était en meilleure posture, du ministre français ou du ministre russe? La tâche du ministre français était incomparablement plus difficile. La difficulté était qu'à cette époque la France ne pouvait contracter que des emprunts intérieurs. Si alors la riche France, avec son sol fertile, son climat doux, sa population intelligente et habile, sa situation géographique privilégiée, avait possédé une partie du crédit à l'étranger qu'à actuellement l'Etat russe, la Révolution ne se serait peut-être pas produite. *Tous les antagonismes qui dans l'ancienne France favorisaient la Révolution étaient petits, très petits auprès de ceux qui existent actuellement en Russie. La*

*nécessité intérieure de la Révolution n'était pas, à beau-
coup près, aussi grande qu'en Russie en 1905.* Mais le
manque de crédit extérieur fut une fatalité pour la France. En
proie aux difficultés financières, Calonne se vit obligé, à la fin
de 1786, de convoquer une assemblée des notables. Ce fut le
signal de la catastrophe, comme le remarque justement Adalbert
Wahl. Cette Assemblée, composée de nobles et de clercs, entreprit
la lutte pour la Constitution. La Révolution était commencée.

Sa charge de ministre des finances et sa nomination de président du comité des ministres, en août 1905, auraient pu appa-
raître à Witte comme une disgrâce. Mais à la suite des difficultés
intérieures et extérieures sans cesse croissantes que la guerre
russo-japonaise avait créées à l'Etat russe, le Tsar s'en remit
du soin important des négociations pour la paix, à l'homme
d'Etat qui personnellement lui était peu agréable, mais pour
lequel tout le monde avait de la considération. Il semble
d'ailleurs que le Tsar ait été guidé surtout par la question de
l'indemnité de guerre dont dépendait en première ligne la conclusion de la paix. C'est le danger de voir la dette augmenter
dans des proportions énormes qui donne le pouvoir au financier.
Sur le conseil de Witte, on prit en considération la convocation
de la Douma d'Empire après la fin des pourparlers et, sur le
conseil de Witte, le Tsar prit, le 30 octobre 1905, l'engagement
solennel de renoncer à l'autocratie absolue.

Quand Calonne (1783-1787) quitta le pouvoir, quand l'Assemblée des Notables évoqua le spectre menaçant de la Révolution,
Louis XVI rappela, en 1788, Necker, qu'il détestait. Sur le
conseil de Necker, il prit, le 5 juin 1788, la mesure la plus fatale
de sa vie et convoqua les Etats généraux.

Quand, en août 1788, Necker rentra dans le ministère, l'en-
thousiasme des créanciers de l'Etat français ne peut se comparer
qu'à celui dont firent preuve, en septembre 1905, tous les créanciers de la Russie au moment où Witte rentra en Russie après
la conclusion de la paix. Des centaines de journaux de toutes
langues ont, dans les premiers jours de septembre, taxé de
produit de l'imagination mon livre *L'Avenir de la Russie et
du Japon*, tandis qu'ils célébraient en Witte l'homme qui
instituerait l'épanouissement de la Russie sur la base du libé-

ralisme. Au retour de Necker, la Rente française monta aussitôt de 30 p. c. La conclusion de la paix et la confiance que l'on avait dans l'activité de Witte firent monter la Rente 4 p. c. russe émise en 1902 de 87,90, le 28 août, à 93,20, le 31 août 1905. Le nom de Necker, en 1788 et 1789, avait la même signification qu'a aujourd'hui le nom de Witte. C'était le symbole de la confiance de tous les éléments libéraux dans l'avenir du pays. Pour les créanciers de l'État, il était une garantie du payement des intérêts, de la sécurité des finances.

Mais le livre de l'histoire n'enregistre pas les désirs d'hommes d'État bornés ou d'hommes intéressés. LE NOM DE WITTE DÉSILLUSIONNERA AUTANT LA RUSSIE ET LE MONDE ENTIER QUE L'A FAIT LE NOM DE NECKER. *Plus grande est encore aujourd'hui la confiance dans la sécurité des valeurs russes, plus grand est l'art avec lequel on soutient dans toutes les Bourses les fonds russes, et plus dévastatrice sera aussi la ruine du système financier, plus profondes seront les blessures que la banqueroute inévitable de l'État russe causera à la nation allemande et surtout à la nation française.*

La confiance de leurs contemporains a servi beaucoup les deux hommes d'État. Ils étaient les étoiles sur lesquelles on guide sa vie. Ont-ils vraiment été fort chagrinés quand leurs contemporains ont reconnu combien étaient impuissants les hommes dont ils attendaient le salut de l'État. En plein mouvement révolutionnaire, Witte a recherché la faveur des masses révolutionnaires. « Frères et travailleurs », tel est le titre d'un appel lancé par Witte en novembre 1905 au personnel des chemins de fer, révolutionnaire, gréviste, pour lui demander de reprendre le travail. Et, à la fin de novembre 1905, il déclarait, comme ministre-président du Conseil des ministres, que la nation pouvait exiger des ministres une œuvre prompte. En 1892, Witte débuta dans la carrière ministérielle comme chef du département des travaux publics. Mais maintenant, en pleine période révolutionnaire, il a des idées en matière sociale. Il eût mieux valu qu'il les prouvât par des actes le premier jour. Si depuis 1892 il s'était appliqué à améliorer sans cesse la situation du personnel des chemins de fer et empêcher les folies impérialistes, il aurait conservé à son empereur et à sa nation la ressource la plus puissante, les chemins de fer.

Le renvoi de Witte comme ministre-président, qui ne peut faire aucun doute, aura-t-il les mêmes conséquences que le second renvoi de Necker? Le dimanche 12 juillet 1789, le bruit se répandait dans Paris que Necker, l'ami du peuple, était renvoyé et qu'un nouveau gouvernement allait être constitué. Le lundi 13, au matin, tout Paris s'arma. Dans la matinée du 14, la nation révoltée faisait le siège de la Bastille, qui se rendait à 5 heures de l'après-midi. Le lendemain, Necker fut rappelé pour quitter définitivement le pouvoir en septembre 1790.

Il ne faut pas s'étonner que tout le monde ait attendu de Necker et de Witte l'arrêt des mouvements révolutionnaires et un remède à la banqueroute. La masse des hommes, même les gens éclairés, ne reconnaissent jamais la cause d'un grand mouvement. Il faut s'étonner tout au plus de ceci, ils ne se sont jamais expliqué le fait qu'ils n'étaient pas à la hauteur des circonstances. Ils ne purent que reconnaître toute leur insuffisance, toute leur nullité. Ils n'avaient qu'à revenir treize ans en arrière, Necker en 1776 et Witte en 1892, quand ils prirent le portefeuille des finances; ils auraient vu combien alors le grand mouvement qui se préparait leur était étranger; ils ne le connaissaient pas, ils ne le dominaient pas, ils ne savaient aucun moyen de l'arrêter. En treize ans de travail sérieux, un grand homme véritable qui est au pouvoir peut beaucoup faire pour donner à l'État la direction qui convient. Tous deux auraient dû consacrer tous leurs efforts à l'amélioration des conditions agraires, puisque dans les deux États 80 p. c. de la population s'occupe d'agriculture. Les antagonismes sur lesquels s'appuyait la Révolution dans les deux pays ne pouvaient être abolis par eux en une période aussi courte. *Mais ils auraient pu diminuer en partie l'acuité des antagonismes politiques sociaux, économiques et nationaux et ménager des accords.* Si la nation avait été convaincue du sérieux d'une réforme commencée depuis treize ans, si la population agricole avait vu sa situation s'améliorer un peu, l'intérêt de la masse des paysans aurait été étroitement lié avec l'avenir de la dynastie. En travaillant sérieusement, on aurait pu dans les années suivantes, accomplir une autre série des réformes politiques et économiques nécessaires. Parallèlement à une élévation du niveau matériel et intellectuel des paysans, on aurait pu étendre les libertés politiques, introduire une constitution et instituer un parlementarisme fondé sur le suffrage restreint.

Plus on aurait mis de hâte et d'énergie à réaliser des réformes, surtout agraires, plus aussi la fin de la Révolution, si elle avait toutefois éclaté, aurait été prompte et facile.

Si Necker a été parfaitement incapable d'empêcher la Révolution, qui avait sa source dans de petits antagonismes, Witte est absolument impuissant à se rendre maître d'une Révolution née d'antagonismes beaucoup plus profonds.

L'insuffisance est particulièrement caractéristique chez ces deux hommes. Au cours de leur longue carrière politique, ils ont tous deux pris une série de mesures qui le prouvent. Ils se sont fortement appliqués à développer l'industrie, le commerce, les moyens de communication, les villes et, même à un certain point de vue, l'agriculture. Mais ils n'ont pas réussi, en favorisant l'industrie, à relever suffisamment l'état économique du pays, pour qu'elle pût résister aux grands besoins financiers de l'Etat. Par leur système d'emprunt, ils ont augmenté, en fin de compte, les difficultés financières de l'Etat et ont fait de la banqueroute une nécessité. Necker, banquier de profession, se montra tout aussi incapable à reformer les finances françaises, que Witte, qui avait débuté dans les chemins de fer, à mener à bien, dans un but purement stratégique, l'œuvre la plus importante du gouvernement russe, la construction du Transsibérien. A l'époque où Witte était ministre-président, les chemins de fer échappèrent complètement au Gouvernement et tombèrent entre les mains du comité révolutionnaire de la grève. L'insuffisance des voies ferrées fut une des causes principales de la défaite honteuse que la Russie se vit infliger par les Japonais, et à l'intérieur par les révolutionnaires. Malgré leur insuffisance, ces deux hommes sont devenus les idoles de la Bourse, jusqu'à ce que la Bourse paie les frais. Dans les deux cas, la haute finance a montré son manque complet de jugement. Necker montre qu'il est plus facile d'acquérir une grande fortune que de réorganiser des finances en désordre. L'insuffisance de ces deux hommes a pris une importance historique. Sur celle de Necker se sont élevées la Révolution française et la carrière victorieuse de Napoléon-Bonaparte, sur celle de Witte s'élèvent la plus grande Révolution dont parle l'histoire, la destruction de la civilisation en Europe, l'arrivée de la race jaune presque jusqu'à l'Oural. L'insuffisance devient un événement.

TABLE DES MATIÈRES

———————— ✳ ————————

Bruxelles. — Imprimerie N. Vandersypen, rue de la Concorde, 18. — Téléphone 4462.